Angela Schorr

Auf Europastandard

Angela Schorr

Auf Europastandard

Die jungen Medienforscher
und ihre Perspektiven

VS VERLAG

Bibliografische Information der Deutschen Nationalbibliothek
Die Deutsche Nationalbibliothek verzeichnet diese Publikation in der
Deutschen Nationalbibliografie; detaillierte bibliografische Daten sind im Internet über
<http://dnb.d-nb.de> abrufbar.

1. Auflage 2011

Alle Rechte vorbehalten
© VS Verlag für Sozialwissenschaften | Springer Fachmedien Wiesbaden GmbH 2011

Lektorat: Dorothee Koch / Sabine Schöller

VS Verlag für Sozialwissenschaften ist eine Marke von Springer Fachmedien.
Springer Fachmedien ist Teil der Fachverlagsgruppe Springer Science+Business Media.
www.vs-verlag.de

Umschlaggestaltung: KünkelLopka Medienentwicklung, Heidelberg
Gedruckt auf säurefreiem und chlorfrei gebleichtem Papier
Printed in Germany

ISBN 978-3-531-17907-0

Für meinen Bruder Dr. Thomas Schorr

Inhalt

Vorwort

Europa ist ein Thema, das Medienforscher zu jeder Zeit inspiriert hat. In einem klugen Aufsatz empfiehlt Wolfgang Langenbucher die Gründung einer „Kommunikationsunion", d.h. er ermutigt die Journalisten der Gegenwart, „den Europabezug journalistisch überall dort herzustellen, wo er kreativ zu entdecken ist." (Langenbucher, 2004, S. 292) Durch diese neue Form des Europajournalismus, so hofft er, könnte es gelingen, die nationalen Öffentlichkeiten in Europa auf sanfte Weise zu europäisieren. Den Europajournalismus denkt er sich „frei", „selbstbewusst" und in seiner Konzeption „kühn" - eine gute Vision!

Was aber bedeutet Europa für die jungen Medienforscher? Erhalten sie Gelegenheit, ihren Beruf frei, selbstbewusst und mutig auszuüben? Wie gut sind ihre Chancen, erfolgreich eine wissenschaftliche Karriere einzuschlagen? Und was kann das „Europa der Forschung" dazu beitragen? Dieses Buch analysiert die aktuelle Lage der Medienforscher/innen im deutschsprachigen Raum. Unter Einbezug differenzierter Befragungsdaten und im Abgleich mit zahlreichen Studien zum Wissenschafts- und Berufsfeld wird versucht Informationen zur Verfügung zu stellen, die die Erfolgschancen auf dem schwierigen Weg zu einer Karriere in der Wissenschaft besser kalkulierbar machen.

Objektiv betrachtet hat sich die Medienforschung im deutschsprachigen Raum in den letzten 10-15 Jahren sehr gut entwickelt. Insbesondere mit Blick auf die Internationalisierung schlägt sich die Kommunikationswissenschaft vorbildlich, wenngleich die Ergebnisse der Dresdener Studie in den Kapiteln 2 und 3 anzeigen, dass die Gruppe der auf europäischer und internationaler Ebene aktiven Forscher sich noch weiter vergrößern sollte. Auch die Europäische Union hat „einen guten Job gemacht", indem sie die Medienforschung im 7. Forschungsrahmenprogramm der EU gefördert und so zur raschen Internationalisierung im Fach entscheidend beigetragen hat. Es ist ganz natürlich, dass ein Fach, das im Hochschulsystem so rasch expandiert und mit dem Auf- und Ausbau zahlreicher Studiengänge und der Ausbildung einer scheinbar nicht abreißenden Zahl von Studierenden befasst ist, den „natürlichen Link" zur Medienwirtschaft und zu praktischen Tätigkeiten nicht mehr in dem Maße pflegen kann, wie dies zu früheren Zeiten der Fall war.

Darin liegt jedoch auch ein entscheidender Fehler, der die weitere Professionalisierung der *Freien akademischen Medienberufe* hemmen kann: Der Schlüssel zu neuen Karrieren in der Wissenschaft wie in der Berufspraxis liegt in der verstärkten Hinwendung zu anwendungsorientierten Fragestellungen. Ein zunehmendes Wegdriften des Fachs in das Wissenschaftssystem ist auf längere

Sicht kein Erfolgsrezept. Die meisten Optionen für spannende Forschungsprojekte auf europäischer und nationaler Ebene liegen jetzt und in der Zukunft im angewandten Bereich. Hier besteht der größte Bedarf an aufklärender, zuverlässiger Medienforschung. Kooperationsvereinbarungen zwischen Wissenschaftsgesellschaften wie beispielsweise der Deutschen Gesellschaft für Publizistik und Kommunikationswissenschaft (DGPuK) und Verbänden der Medienschaffenden aus den verschiedenen Tätigkeitsfeldern (z.B. der Journalistenverband) können solche Entwicklungen befördern und den erfolgreichen Einstieg der neuen akademischen Medienberufe in die Medienwirtschaft moderieren. Intensivere und besser abgestimmte Lobbyarbeit der Wissenschaftsgesellschaften, allen voran der DGPuK, innerhalb des Wissenschaftssystems auf nationaler und europäischer Ebene kann dazu beitragen, dass die Chancen, die durch den Zufluss so vieler begabter Studierender entstehen, noch besser genutzt werden.

Dieser Band ist mit der Hilfe von engagierten Studierenden und Medienforschern/innen zustande gekommen, die sich an der Vorbereitung, Durchführung und Auswertung der Dresdener Befragungsstudie beteiligt haben bzw. als Probanden für die Befragung zur Verfügung gestellt haben. Mein besonderer Dank gilt Nadja Atwaa, Monia el Bohli, Dana Breidenbach, Michaela Homann, Anke Krüger, Annika Richterich und Felix Winands, die an den Erhebungen der Dresdener Studie und an der Dateneingabe aktiv beteiligt waren. Dem VS Verlag für Sozialwissenschaften und Frau Dorothee Koch danke ich für die unkomplizierte und professionelle Betreuung dieser Publikation. Zu besonderem Dank bin ich meinem Mitarbeiter André Bertels verpflichtet, der das gesamte Manuskript gegengelesen und auch sonst in vielfältiger Weise daran mitgewirkt hat.

Angela Schorr
Siegen, im Oktober 2010

Kapitel 1

Medienforschung im deutschsprachigen Raum: Das Umfeld
(German Media Research - A Matter of Context)

Kapitel 1

Medienforschung im deutschsprachigen Raum: Das Umfeld

(German Media Research - A Matter of Context)

Zusammenfassung
In diesem ersten Kapitel wird der Leser in die Tradition, Terminologie, Rechte und Pflichten der Freien Medienberufe im deutschsprachigen Raum eingeführt. Die Selbstverständnisdebatte der Kommunikationswissenschaft als moderne Sozialwissenschaft wird unter Bezug auf das Wissenschaftsrat-Gutachten von 2007 kurz vorgestellt. Die Empfehlungen des Wissenschaftsrats werden in der Rückblende neu eingeordnet als eine Initiative, die in weitgehend fachfremder Form professionelle Lobbyarbeit für die Geisteswissenschaften zu leisten versuchte. Schließlich wird ein Überblick über die für die Medienforschung relevanten Programme des 7. Forschungsrahmenprogramms der EU gegeben.

Schlüsselwörter: Freie Medienberufe, Selbstverständnisdebatte, Kommunikationswissenschaft, 7. Rahmenprogramm der EU

Abstract:
The first chapter starts with an introduction to the rights and duties of academic media professions in the German-speaking countries. The debate on the scientific identity of the communication discipline is reviewed. As a result, the advisory report of the German Research Council published in 2007 is reclassified as a product of lobbying for the humanities with limited relevance to the field. Finally, the 7th Framework Programme of the EU is introduced and some starting points for media research are discussed.

Keywords: Academic media professions, professional identity debate, communications, 7th Framework Programme

Einleitung

Die deutschsprachigen Medienforscher und Medienforscherinnen und das Fach Kommunikationswissenschaft sind heute so jung wie nie. Der Expansionskurs der Studiengänge an Universitäten und Fachhochschulen begleitet einen (technologischen und Content-bezogenen) Auf- und Umbau von Medien und Medienwirtschaft, der durch eine einzigartige Innovationsgeschwindigkeit gekennzeichnet ist. Die hohe Nachfrage nach Medienstudiengängen bestimmt den Ausbau der Studiengänge auf der Basis vorhandener Strukturen. Wissenschaftliche Fachgesellschaften, allen voran die Deutsche Gesellschaft für Publizistik und Kommunikationswissenschaft (DGPuK), deren Mitgliedschaft aus dem gesamten deutschsprachigen Raum kommt, begleiten diese Entwicklungen (1) mit Empfehlungen zur Struktur und zum Aufbau der neuen Studiengänge, (2) mit wissenschaftlichen Analysen zur Medienentwicklung und zum späteren Berufsfeld der Absolventen/innen, und (3) mit Reflexionen zum Selbstverständnis und zur Entwicklung des Fachs.

In diesem Prozess hektischen Wachstums sind die jungen Medienforscher, die diese Veränderungen personell tragen, mit ihren fachlichen und beruflichen Perspektiven aus dem Blickfeld geraten. Hochschulverwaltungen und Drittmittelgeber wissen: Sie sind sehr aktiv und häufig überlastet. Das ist schon alles. Daran will dieser Band etwas ändern. Der gegenwärtige Status und die beruflichen Perspektiven der jungen deutschsprachigen Medienforscher sind das zentrale Thema, wobei die einzelnen Kapitel zum Teil aufklärenden, zum Teil beratenden Charakter haben.

Vorbereitend auf die zentralen empirischen und inhaltlichen Analysen in den Kapiteln 2 - 6 soll in diesem ersten einführenden Kapitel ein Tableau berufsbezogener und wissenschaftlicher Kontexte erstellt werden, die in direkter und indirekter Weise auf die Gesamtsituation in der Medienforschung einwirken. Dabei wird, von einem Verständnis von Kommunikationswissenschaft als moderner reifer Wissenschaft ausgehend, vorausgesetzt, dass die wissenschaftliche Berufsausübung an den Hochschulen und die berufspraktischen Tätigkeiten in der Medienwirtschaft systematisch aufeinander bezogen sind, miteinander in Wechselwirkung stehen und somit eine Einheit bilden.

Die Freien Medienberufe - erste Konturen

Im Folgenden wird häufiger von den Freien Medienberufen bzw. den Freien akademischen Medienberufen die Rede sein. Obwohl ein rasch anwachsender, erheblicher Anteil der in der Medienwirtschaft Tätigen über ein abgeschlossenes akademisches Studium im Medienbereich verfügt, gibt es keine übergreifende, diese Berufe insgesamt fassende Berufsbezeichnung. Eingeführt sind Einzelbezeichnungen, etwa der Beruf des Journalisten/der Journalistin, der Beruf des Lektors/der Lektorin etc. Auf der Suche nach einer generischen Berufsbezeichnung ist es hilfreich, sich auf ein zentrales Grundmerkmal des Journalistenberufs zu besinnen: Journalisten sind Angehörige eines sog. *Freien Berufs.* Aber nicht nur Journalisten, - *alle Absolventen* von Medienstudiengängen (Kommunikationswissenschaft, Journalistik etc.) sind Angehörige eines Freien Berufs, d.h. ihre Tätigkeit, *unabhängig davon, ob sie in angestellter/beamteter Stellung oder freiberuflich ausgeübt wird,* ist charakterisiert durch die zentralen Merkmale *hohe Professionalität, Verpflichtung gegenüber dem Allgemeinwohl, strenge Selbstkontrolle* und *Eigenverantwortlichkeit* (vgl. Deneke, 2008; Wasilewski, 2004). Da es ungleich anderen akademischen Berufen keine einheitliche Berufsbezeichnung für die Freien akademischen Medienberufe gibt, *wird in diesem Band übergangsweise die Bezeichnung „Freier Medienberuf" für die akademisch vorgebildeten Kommunikations- und Medienberufe vorgestellt.*

Die *Publizistischen Grundsätze* des *Deutschen Presserats* (für die journalistische Tätigkeit), ebenso wie die Berufsordnungen der Ärzte, Psychologen, Juristen, Ingenieure, Architekten, Soziologen und zahlreicher anderer akademischer Berufe begründen und erläutern dieses Selbstverständnis als Freier Beruf. Für sie alle gilt: Aufgrund ihrer besonderen beruflichen Qualifikation erbringen Angehörige Freier Berufe geistig-ideelle Leistungen im Interesse ihrer Auftraggeber und der Allgemeinheit, und zwar in persönlicher Form, eigenverantwortlich und fachlich unabhängig. Zu den konstituierenden Merkmalen der Freien Berufe zählen neben der *Eigenverantwortlichkeit* und *Weisungsunabhängigkeit* vor allem auch die Orientierung freiberuflicher Leistungserbringung an ideellen Gütern von hohem individuellen und/oder Gemeinschaftswert, wie (1) die Pflege, Sicherung oder Wiederherstellung der Gesundheit der einzelnen Menschen oder der Bevölkerung; (2) die Bewahrung und Durchsetzung des Rechtsfriedens, aber auch individueller und kollektiver Rechte und Pflichten; (3) die Gestaltung der Infrastruktur des Gemeinwesens und unserer räumlichen und technischen Umwelt; (4) die Selbstreflexion und Selbstverwirklichung des einzelnen und der Gesellschaft in Kunst und Kultur.

Grundmerkmale Freier akademischer Berufe
In Bezug auf die Auftraggeber gilt: Angehörige Freier Berufe erbringen geistig-ideelle Leistungen persönlich eigenverantwortlich und fachlich unabhängig im Interesse der Auftraggeber *und* der Allgemeinheit. Die geistig-ethische und sachliche Unabhängigkeit der Tätigkeit ermöglicht es, einen in hohem Maße ethisch bestimmten *Dienst für die Allgemeinheit* über den eigenen Nutzen hinaus zu erbringen und damit auch ein besonderes Verhältnis zu Patienten, Klienten und Auftraggebern zu begründen (Hardege, 2008; Knauft & Schaar, 2009; Wasilewski, 2004).

Die freiberufliche Gemeinwohlorientierung der Freien Berufe ist nicht nur für die Gesellschaft und den Staat von besonderer Bedeutung, - den Freien Berufen wird eine besondere staatstragende und staatserhaltende Funktion zugesprochen, die sich u.a. in Steuervorteilen niederschlägt (Hardege, 2008; Knauft & Schaar, 2009) - sondern bestimmt auch ganz wesentlich die Art der Leistungserbringung. Durch die Freien Berufe werden ideelle, geistig-seelische Leistungen erbracht, die vom Leistungserbringer vorrangig und persönlich erbracht und verantwortet werden. *Der Wettbewerb findet nicht als Preiskampf statt, sondern als Wettbewerb geistiger Leistungen* (vgl. Deneke, 2008).

Für die Medienforscher als Angehörige eines Freien Medienberufs gilt in ihrer Rolle als *Wissenschaftler/Wissenschaftlerinnen* darüber hinaus (vgl. Artikel 5 des Grundgesetzes, Absatz 3): „Kunst und Wissenschaft, Forschung und Lehre sind frei. Die Freiheit der Lehre entbindet nicht von der Treue zur Verfassung." Kunst und Wissenschaft stehen somit „nur" unter dem Vorbehalt der Verfassungstreue, nicht, wie es im Falle der übrigen akademischen Medienberufe in Absatz 1 des Artikels 5 des Grundgesetzes geregelt ist (Pressefreiheit), unter dem Vorbehalt der „Vorschriften der allgemeinen Gesetze" und der „gesetzlichen Bestimmungen zum Schutze der Jugend und dem Recht der persönlichen Ehre". Ansonsten jedoch gleichen einander die Wahl- und Willensfreiheit von Wissenschaftlern und Freien Berufen, wie man es auch erwarten würde, da Wissenschaftler in der Regel, wie hier im Falle der Medienforscher, zugleich auch Angehörige Freier Berufe sind (vgl. Deneke, 2008).

Selbstverständnis als wissenschaftliche Disziplin - eine Skizze

Im Jahr 2006 verglich Wolfgang Donsbach als Präsident der International Communication Association das exponentielle Wachstum der Kommunikationswissenschaft (im Englischen hat sich die Kurzbezeichnung „Communications" eingebürgert; vgl. Rühl, 2006; Schorr, 2003) der vergangenen drei Dekaden als allein Fächern wie der Biotechnologie oder der Informatik vergleichbar (Donsbach, 2006). Die Wende zur empirischen Wissenschaft fand im deutschsprachigen Raum bereits in den 60er Jahren statt und galt bald als für die gesamte Wissenschaftlergemeinschaft verbindlich. Die flächendeckende Einführung strukturell-funktionaler Ansätze sozialwissenschaftlicher Natur und der entsprechenden Forschungsmethoden sicherte dem Fach im deutschsprachigen Raum einen raschen Anschluss an die internationale Forschung (vgl. Löblich, 2007, 2010; Rühl, 2006). Damals wurden im deutschsprachigen Raum die Grundlagen für die Kommunikationswissenschaft als moderne Sozialwissenschaft gelegt. Allerdings fehlten zunächst Personal und Ressourcen, um tatsächlich empirisch zu forschen. Zwar stiegen in den 70er Jahren die Studierendenzahlen, doch erst die nachfolgende Generation war in der Lage, die modernen Sichtweisen in der Forschung aufzugreifen und tatsächlich empirisch-quantitativ zu arbeiten. Zentrale Themen waren die Fernsehforschung, die Meinungsforschung und die Marktforschung (vgl. Löblich, 2010).

Sozialwissenschaftliche Perspektiven prägen die Kommunikationswissenschaft heute weltweit. Im Jahr 2005 zeigte eine Umfrage in der internationalen, zu einem erheblichen Anteil USA-stämmigen Mitgliedschaft der International Communication Association (ICA), dass 61% der Mitglieder aus grundständigen Medienstudiengängen, d.h. aus dem Fach „Communications" kamen, wobei der Anteil grundständig im Fach verankerter Medienforscher in der Gruppe der bis Mitte 30-Jährigen mit 77% noch deutlich höher lag. Zusätzliche 22% der Befragten kamen aus einer anderen sozialwissenschaftlichen Disziplin. Nur 12% der Befragten gaben an, Geisteswissenschaftler zu sein (Sonstige: 5%). Insgesamt 64% der ICA-Mitgliedschaft bekannten sich zu einem sozialwissenschaftlichen Wissenschaftsmodell, weitere 24% sympathisierten damit (Donsbach, 2006).

Die im Rahmen einer umfassenden Befragung auf dem Internationalen Kongress in Dresden 2006 befragten Medienforscher und Medienforscherinnen (N=230, Stichprobe gezogen aus einer Grundgesamtheit von über 2000 Teilnehmern), deren Ergebnisse in den Kapiteln 2 und 3 ausführlich analysiert werden, unterschieden sich in vergleichbarer Weise in Bezug auf ihr Wissenschaftsmodell: 85,1% von ihnen hatten eine naturwissenschaftliche bzw. eine sozialwissenschaftliche Orientierung, 14,9% der befragten Kongressteilnehmer

vertraten ein geisteswissenschaftliches Wissenschaftsmodell. Die deutschsprachigen Medienforscher und die Nordamerikaner bildeten mit je 85 Teilnehmern
die beiden größten Teilnehmergruppen in der Stichprobe. Mit diesen Gruppengrößen konnte in der weiteren Auswertung gut gearbeitet werden, da sich alle
drei Subgruppen in Bezug auf wichtige Kennwerte, etwa die Verteilung männli-
cher zu weiblichen Befragten sowie Professoren zu Nachwuchswissenschaftlern, nicht unterschieden. Allerdings konnte die Analyse aufgrund der relativ
kleinen Gruppe der geistes- bzw. kulturwissenschaftlich orientierten Befragten
häufig nicht auf weitere, noch zu beschreibende Teilstichproben herunter gebro-
chen werden (vgl. Tabelle 1.1).

Bezogen auf das Lebensalter und den wissenschaftlichen Status (Professoren versus Nachwuchswissenschaftler) verfügen die geistes- bzw. kulturwissenschaftlich orientierten Medienforscher, so ein weiteres Ergebnis der in den Kapiteln 2 und 3 ausführlicher diskutierten Studie, derzeit über den ältesten wissenschaftlichen Nachwuchs, d.h. Medienforscher/innen mit diesem Wissenschaftsmodell können sich offensichtlich schlechter im Wettbewerb um Professuren durchsetzen (vgl. Tabelle 1.2). Dafür spricht auch das Befragungsergebnis
zur Zugehörigkeit und kollegialen Unterstützung (Affiliation) im universitären
Umfeld: Hier erzielten die sozialwissenschaftlich orientierten Medienforscher
den höchsten, die geistes- und kulturwissenschaftlich orientierten Medienforscher hingegen den niedrigsten Wert. Das Ergebnis ist statistisch signifikant
(sozialwissenschaftlich: M=23,72; naturwissenschaftlich: M=22,89; geistes-
bzw. kulturwissenschaftlich: M=21,53; F=3,39, df=2, p<.05).

	Deutschsprachige Länder	Nordamerikaner	Gesamtstich-probe
Naturwissenschaftlich	37,2%	31,3%	35,3%
sozialwissenschaftlich	51,3%	53,8%	49,8%
geistes- bzw. kultur-wissenschaftlich	11,5%	15,0%	14,9%

Tabelle 1.1: Wissenschaftliche Grundausrichtung in der Dresdener Befragung
(deutschsprachige Befragte, nordamerikanische Befragte, Gesamtstichprobe)

Auch in Bezug auf das in der eigenen wissenschaftlichen Laufbahn erfahrene Mentoring unterscheiden sich die drei Gruppen deutlich: Bei den sozialwissenschaftlich orientierten Medienforschern/Medienforscherinnen gaben 62,6% der Befragten an, einen Mentor/eine Mentorin zu haben bzw. gehabt zu haben. Im Falle der naturwissenschaftlich orientierten Medienforscher sind es 46,1%, im Falle der geistes- bzw. kulturwissenschaftlich orientierten Medienforscher sind es nur 40,6% (Chi^2=7,40, df=2, p<.05; n=215). In Bezug auf die Intensität des Mentoring, sofern es stattgefunden hat, unterscheiden sich die drei Gruppen jedoch nicht.

Die deutschsprachige Kommunikationswissenschaft führt seit vielen Jahren eine sogenannte „Selbstverständnisdebatte", die nur zum Teil aus der Jahrzehnte zurückliegenden, Schritt um Schritt vollzogenen Umorientierung auf ein sozialwissenschaftliches Wissenschaftsmodell resultiert (vgl. Löblich, 2010). Traditionell ist das Fach auch stark interdisziplinär orientiert. Das hat zur Folge, dass die eigenen Grundpositionen und Verfahrensweisen von Zeit zu Zeit immer wieder neu ausgehandelt werden müssen. Mit der Mitte der 90er Jahre einsetzenden, rapiden technologischen Entwicklung im Medienbereich kam es zu einem verzögert einsetzenden, inzwischen stark fortgeschrittenen Umbau der Medienwirtschaft und umfassenden Veränderungen in den Tätigkeitsfeldern (vgl. Kapitel 6). Für die wissenschaftliche Entwicklung letztlich entscheidend war jedoch: Vor mehr als einer Dekade ist das Interesse der Studierenden an einem Medienstudium schlagartig angewachsen und hat sich auf dem heutigen hohen Niveau eingependelt. Viele Universitäten im deutschsprachigen Raum gründeten und gründen derzeit noch neue Studiengänge, um der hohen Nachfrage zu entsprechen und von dem Boom zu profitieren. Manche geisteswissenschaftliche Professur erhielt ein neues Label bzw. die Professur-Inhaber orientierten sich um und bieten nun verstärkt „medienbezogene Themen" an. Einem einführenden Ritual gleich, haben diese Entwicklungen die fachinterne Selbstverständnisdebatte immer wieder belebt und so Quereinsteigern und Wissenschaftlern aus Nachbardisziplinen Gelegenheit gegeben, ihre Position zu bestimmen und sich in die wissenschaftliche Agenda der Medienforscher einzuarbeiten.

Solche Rituale können jedoch auch gefährlich werden und die wissenschaftliche Entwicklung einer Disziplin empfindlich stören. So kritisiert Rühl (2006) zu Recht die Selbstverständnisdebatte als „Dauerbaustelle" und argumentiert, dass andere Sozialwissenschaften solche fachinternen Dauerdebatten nicht kennen. Auch Brosius verweist in seinem Aufsatz „Auf dem Wege zur Normalwissenschaft" (2009), in dem er die beiden wichtigsten deutschsprachigen Fachzeitschriften, die *Publizistik* und die *Medien & Kommunikationswissenschaft* für den Zeitraum von 2003 bis 2007 thematisch untersucht, auf den relativ hohen Anteil von 9,8% an Beiträgen, die sich dem Thema der eigenen Fachentwicklung widmen. Darüber hinaus signalisiert seine Analyse jedoch auch, dass die Forschung in der Kommunikationswissenschaft eine hohe „normalwissenschaftliche" Kontinuität aufweist. In der Hitliste der Forschungsthemen führt mit über 20% der publizierten Arbeiten das Thema Medienwirkung, mit einem Anteil von je über 10% gefolgt von Beiträgen zu den Themen Mediennutzung, Theoriearbeiten & thematische fokussierte Forschungsreviews und Aussagenforschung, sowie mit deutlich je unter 10% gefolgt von Beiträgen zu den Themen Medienökonomie, Journalismus & Kommunikatorforschung, Kommunikationspolitik & Medienrecht und Methoden. Schweiger, Rademacher und Grabmüller, die die thematischen Schwerpunkte der kommunikationswissenschaftlichen Abschlussarbeiten für den Zeitraum von 1999 bis 2008 jahrgangsweise untersuchten, bestätigen den konservativen, auf inhaltliche Kontinuität angelegten Trend im Fach: Nach wie vor ist das Thema „öffentliche Kommunikation" mit Werten um 90% das Hauptanliegen der kommunikationswissenschaftlichen Forschung; Arbeiten, die die private Kommunikation bzw. beide Bereiche zum Thema haben, liegen über den gesamten Zeitraum bei insgesamt

	Professoren (Jahre; Monate)	Nachwuchswissenschaftler (Jahre; Monate)
naturwissenschaftlich	46;4	30;6
sozialwissenschaftlich	44;5	30;4
geistes- bzw. kultur-wissenschaftlich	48;3	37;4

Tabelle 1.2: Wissenschaftsmodell, Status und Lebensalter (Gesamtstichprobe)

ca. 10%. Das ist verständlich, bedenkt man, dass Abschlussarbeiten häufig berufsvorbereitenden Charakter haben und dass die Mehrheit der Absolventen/innen nach dem Studium beim Fernsehen, beim Radio oder in den Printmedien tätig werden wollen. 80% der Arbeiten haben eine empirische Ausrichtung, die überwiegende Mehrheit davon mit klaren empirisch-quantitativen Anteilen.

Die Printmedien (mit 28% der Arbeiten) und das Fernsehen (mit 18% der Arbeiten) sind in den Abschlussarbeiten die wichtigsten Medien; das Thema „Onlinemedien", bei dem man eher eine Zunahme über die Zeit erwartet hätte, weist einen kontinuierlichen Anteil von (nur) 11% auf (vgl. Schweiger, Rademacher & Grabmüller, 2009).

Im Jahr 2007 veröffentlichte der Wissenschaftsrat ein erstaunliches Dokument, das nach allen Seiten auf wenig Akzeptanz stieß und die Selbstverständnisdebatte in der Kommunikationswissenschaft eine Zeitlang intensivierte. Die „Empfehlungen zur Weiterentwicklung der Kommunikations- und Medienwissenschaften in Deutschland" (vgl. www.wissenschaftsrat.de), ein stark aus geistes- und kulturwissenschaftlicher Perspektive formulierter Text, teilen den Medienbereich in drei Fachrichtungen auf: In die sozialwissenschaftliche Kommunikationswissenschaft (plus Journalistik als Spezialform der Kommunikationswissenschaft), in die Medientechnologie bzw. die technikorientierte Medieninformatik und in die kulturwissenschaftliche Medienwissenschaft, hier neu als Medialitätsforschung bezeichnet. Mit der Neuschöpfung einer „Medialitätsforschung" und der Vereinnahmung der Informatik durch die Medienfächer zielt das Gutachten erkennbar auf einen deutschen Sonderweg im Medienbereich. Dabei werden recht konkrete Vorstellungen über das Zusammenspiel der drei Fachrichtungen entwickelt: Während die Medientechnologie und die Kommunikationswissenschaft im Bachelor und Master gelehrt werden sollen, soll es die Medialitätsforschung (kulturwissenschaftliche Medienwissenschaft) nur im Master geben. Den drei Ausrichtungen zugeordnet sind technikwissenschaftliche, empirisch-sozialwissenschaftliche und historisch-hermeneutische Methoden.

Während die Gutachter ein vorgebliches „Kommunikationsdefizit zwischen Kommunikations- und Medienwissenschaft" kritisierten und ausdrücklich forderten, dass die drei kunstvoll differenzierten Fachrichtungen künftig miteinander kooperieren sollen, prägten sie die Sonderrolle der als Medialitätsforschung gekennzeichneten, geistes- und kulturwissenschaftlich ausgerichteten Medienwissenschaft als reines Forschungsfeld weiter aus: Die Medialitätsforschung, so die Gutachter, soll in ihren geistes- und kulturwissenschaftlichen Herkunftsdisziplinen verankert bleiben. Ebenso soll die Medieninformatik in der Informatik verankert bleiben. Während der Studiengang Kommunikationswissenschaft auf die Berufswelt in der Medienwirtschaft vorbereiten soll, bleibt der geplante Master in Medialitätsforschung reine Wissenschaft. Zugang zu diesem Masterstudiengang sollen Bachelor-Absolventen aus den geistes-, kultur- und sozialwissenschaftlichen Bezugsdisziplinen erhalten. Im Falle der Kommunikationswissenschaft sollen Master mit gleicher Ausrichtung oder wahlweise solche mit Ausrichtungen wie Medienmanagement, Journalistik etc. studiert werden kön-

nen. Auf einen normalen Bachelor in Informatik soll ein Master in Medieninformatik oder Medientechnologie folgen können. Die Ausbildung soll für den
IT-Bereich in der Medienwirtschaft qualifizieren.

Die Bestimmung dessen, was mit dem künstlich geschaffenen Forschungsraum Medialitätsforschung gemeint ist, nimmt im Gutachten den größten Raum
ein, weshalb diese Überlegungen hier kurz nachgezeichnet werden sollen:
Medialitätsforschung, so heißt es dort, hat die „Medienvergessenheit" der etab-
lierten Kommunikationswissenschaft, aber auch der Literatur-, Kunst- und Mu-
sikwissenschaft zum Thema, d.h. „dass in jenen Fächern nicht ausreichend gefragt wird, inwiefern Medien in ihrer sozial-kommunikativen, ästhetischen und
technischen Dimension stets zugleich auch mitkonstituieren, was sie nur zu
vermitteln bzw. zu transportieren scheinen" (S. 20). Ihren Ursprung hat die
Medialitätsforschung demnach in der kunstgeschichtlichen Forschung zu vor-
modernen Medien wie Wandmalerei etc. „Medialitätsforschung analysiert
Medialität (und das heißt stets auch Mediendifferenz) als einen konstitutiven
Aspekt im Prozess der Herstellung von Kommunikation, der Vermittlung und
Speicherung von Wissen sowie der Formation von Kultur." (S. 21) In Bezug auf
die Thematisierung der Medialität der Gegenstände etablierter Disziplinen gilt:
„… die Medialitätsforschung (strebt) nicht eine umfassende medienwissen-
schaftliche Transformation ihrer Herkunftsfächer an …" (S. 21)

Nach der Veröffentlichung des Wissenschaftsrat-Gutachtens erntete die
künstliche Konstruktion eines von der Kommunikationswissenschaft getrennten
Forschungsfeldes Medialitätsforschung praktisch von allen Seiten Kritik (vgl.
Donsbach, 2007). Man bewertete es als Irrweg, dass die geisteswissenschaftlich
fundierte Medienwissenschaft noch randständiger werden sollte (Krotz, 2007),
bezeichnete das Konzept als realitätsfern und „am grünen Tisch" entwickelt
(Jarren, 2007) und schlussfolgerte nüchtern: „Die Terminologie wird sich wohl
nicht durchsetzen." (Vowe, 2007, S. 4)

In Bezug auf die Organisation der Forschungsförderung plädierte das Gutachten ausdrücklich für die Beibehaltung der getrennten Zuordnung von Kommunikationswissenschaft und Medialitätsforschung zu verschiedenen DFG-
Fachgruppen, wodurch in der Vergangenheit unter dem Label „Medienwissenschaft" die Finanzierung geisteswissenschaftlicher Projekte sehr unterschiedlicher Ausrichtung ermöglicht wurde. Auch dieser fachpolitische Kern der gesamten Überlegungen wurde sehr kritisch aufgenommen und veranlasste beispielsweise Bergermann (2007) zu der Frage: „Soll man den Text durch eine
Brille lesen, die Effekte von Verteilungskämpfen zwischen Kommunikations-
und Medienwissenschaften zutage bringen?" (Bergermann, 2007, S. 390)   Erfolgreiche Lobbyarbeit bei der DFG war bereits zu früheren Zeiten ein Cha-
rakteristikum der geistes- und kulturwissenschaftlich orientierten Forschung zu

Medienthemen und sicherte ihr Einfluss, während das Gros der Kommunikationswissenschaftler neben DFG-Mitteln vorrangig und regelmäßig zusätzliche Mittel aus der Medienwirtschaft (Auftragsforschung) und bei staatlichen und privaten Auftraggebern und Stiftungen einwarb.

Das Label Medialität erscheint aus wissenschaftlicher Sicht unglücklich gewählt, - in der Alltagssprache steht Medialität für eine rational nicht zu erklärende Fähigkeit von Menschen, Vorgänge auszulösen oder zu verstehen (d.h. für sogenanntes „Hellsehen"). Auch international mehren sich kritische, diesen Weg als „deutschen Sonderweg" einordnende Kommentare aus sozial- und kulturwissenschaftlicher Richtung. [1]

---

[1] Vieles, was hier geschieht, wird außerhalb Deutschlands primär als „media archeology", d.h. als historisches Studium von Kultur und Technologie verstanden. Den Alleingang der vergangenen zehn Jahre erklärt man sich damit, dass der Begriff des Mediums bei der Umwandlung der deutschen Geisteswissenschaft zur Kulturwissenschaft eine eigene Funktion erhalten habe. Er löste den Begriff „Zeichen" ab und verbindet heute die verschiedenen kulturwissenschaftlichen Fachdisziplinen. Statt die Medien direkt zu untersuchen bzw. zum Gegenstand zu machen, wird es so möglich, vorhandene geisteswissenschaftliche Ansätze und Inhalte in eine neue „mediale" , d.h. vermittlungsbezogene Perspektive zu stellen. Gemeinsam Drittmittel einwerbende Geisteswissenschaften geben so auch der Anforderung zur terminologischen Harmonisierung nach, der sich etwa in Begriffen wie „ iconic turn" und anderen „Turns" niederschlägt (vgl. www.medienumbrueche.uni-siegen.de).

Der Wissenschaftsrat 2007: Lobbyarbeit für die Geisteswissenschaften

In der Rückschau bildet das Wissenschaftsratsgutachten von 2007 mehr denn je eine strategische Grundlage für die allgemeine geistes- und kulturwissenschaftliche Drittmitteleinwerbung und wird in keiner Weise seinem dem Anspruch gerecht, die Bereiche Ausbildung und Forschung in den *Medienstudiengängen* auch nur in Teilbereichen konzeptionell weiter entwickelt zu haben. Dies geschah gänzlich in der - unguten und in den letzten Jahren zunehmend kritisierten - geisteswissenschaftlichen Tradition, sich wenig oder gar nicht um die akademische *Berufsausbildung* der Studierenden zu kümmern. Die Berufsfelder in der Medienpraxis und deren Anforderungen an die Ausbildung von akademisch vorgebildeten, künftigen Führungskräften und von qualifiziertem Fachpersonal für die Medienwirtschaft wurden bei der im Gutachten vorgeschlagenen Struktur weitgehend außer Acht gelassen. Der Status Quo wurde beschrieben, zukunftsweisende Empfehlungen fehlen. In der Rückschau Bewunderung verdient allein die Leistung der beteiligten geistes- und kulturwissenschaftlich orientierten Wissenschaftsmanager, sich im Zuge einer Mittel-Umlenkung auf der Basis hartnäckiger Lobbyarbeit eine Grundlage geschaffen zu haben, um weitere Drittmittelförderung für geisteswissenschaftliche Projekte zu erhalten.

Das Wissenschaftsrat-Gutachten von 2007 enthält zwei zentrale Aussagen, denen aus damaliger wie heutiger Sicht zu widersprechen ist: Zum einen wird behauptet, der Medienforschung fehle es an internationaler Präsenz (vgl. die „Empfehlungen zur Weiterentwicklung der Kommunikations- und Medienwissenschaften in Deutschland", Der Wissenschaftsrat, 2007, S. 98; http://www.wissenschaftsrat.de) und das Fach sei nicht ausreichend internationalisiert. Trotz knapper personeller Ausstattung und studentischer Überlast, die die Situation vieler kleiner Institute in der Kommunikationswissenschaft und Publizistik kennzeichnet (vgl. Brosius & Haas, 2009), ist es dem Fach im Gegenteil in der letzten Dekade erstaunlich gut gelungen, sich auf ein internationales Niveau hochzuarbeiten und dort präsent zu sein, wie die Auswertung von Befragungsdaten in den Kapiteln 2 und 3 zeigt. Zu Recht hatte

Arnold daher die angeblich mangelhafte internationale Wettbewerbsfähigkeit der Kommunikationswissenschaft 2007 mit dem lakonischen Hinweis kommentiert: „Besser geht immer …"(Arnold, 2007, S. 7).

Zum anderen wird behauptet, der Medienforschung fehle es an Nachwuchswissenschaftlern. Auch das ist nicht richtig. Tatsächlich sind zu keiner Zeit so viele Medienforscher ausgebildet worden wie in der letzten Dekade. Das zeigt allein schon die Zusammensetzung der Mitgliedschaft der DGPuK, anhand derer sich die Entwicklung im deutschsprachigen Raum gut nachvollziehen lässt (vgl. Kapitel 2). Die Nachwuchswissenschaftler, aber auch die Professoren und Professorinnen im Fach sind nicht nur sehr gut ausgebildet und hoch qualifiziert, sondern sie sind auch aufgrund der zahlreichen Neugründungen von Medienstudiengängen sehr jung, so dass nach einer weiteren, noch zu erwartenden Welle von Nachberufungen im Zuge des normalen Alterswechsels in naher Zukunft damit zu rechnen ist, dass ein gewisser „Überhang" an jungen Medienforschern/innen entsteht, wodurch erstmals die Gelegenheit gegeben ist, sich weitere, zurzeit unbesetzte Tätigkeitsfelder in der europäischen Forschung und in der nationalen Medienwirtschaft neu zu erschließen (vgl. Kapitel 6).

Die Europäische Union als Motor der modernen Medienforschung

Ein äußeres Signal dafür, wie bedeutsam erfolgreiche Internationalisierungsprozesse in der Medienforschung zurzeit eingeschätzt werden, ist die kürzlich gefällte Entscheidung der International Communication Association (ICA), die Kurzfassungen zu den Aufsätzen ihrer drei wichtigsten Fachzeitschriften („Communication Theory", „Human Communication Research", „Journal of Communication") mit Übersetzungen in sechs internationalen Sprachen (Französisch, Deutsch, Spanisch, Mandarin, Koreanisch und Englisch) zu versehen. Dass die Europäische Union (EU) ein wichtiger Motor für die Internationalisierung der Medienforschung darstellt, dokumentieren überzeugend die Befragungsergebnisse in den Kapiteln 2 und 3. Die thematischen Schwerpunkte und erheblichen Budgets, die das zurzeit laufende 7. Rahmenprogramm der EU für die jungen Medienforscher/innen bereithält, tragen zur erfolgreichen Internationalisierung der deutschsprachigen Kommunikationswissenschaft bei.

Dass der Medienforschung auf europäischer Ebene eine wichtige Rolle zukommt und sie konsequent gefördert werden sollte, dafür fehlt es bei den Verantwortlichen in der EU Kommission und speziell im Forschungsdirektorat an kritischem Bewusstsein. Durch EU-politische Ziele geprägte Initiativen und ein übergroßes Vertrauen in die neuen Informationstechnologien und die sie produzierende Industrie prägen das Handeln auf EU-Ebene und erklären das völlige

Fehlen einer in sich konsistenten Forschungsagenda für die Medienforschung. Die Europäische Union beschloss im Mai 2010 eine *„Digital Agenda for Europe"*, durch deren Programme möglichst viele Haushalte europäischer Bürger mit digitalen Informations- und Kommunikationstechnologien versorgt werden sollen. Die Politik wie die europäischen Bürger sehen hier jedoch primär die Medienwirtschaft am Zuge. Eine repräsentative Umfrage bei EU-Bürgern aus dem Jahr 2010 zum Themenkomplex „Science und Technology" zeigt, dass sie den neuen Informations- und Kommunikationstechnologien (Internet etc.) in der Forschung eine erstaunlich geringe Priorität einräumen (vgl. Tabelle 1.3; European Commission (2010). Science and Technology. Report. Special Eurobarometer 340/Wave 73.1-TNS Opinion & Social, S. 113). Die digitalen Medien und ihre Nutzung, so ist anzunehmen, nehmen die europäischen Bürger derzeit vorrangig auf Messen, öffentlichkeitswirksamen Großveranstaltungen und über die Werbung zu Neuentwicklungen und vielen technischen Superlativen wahr. Der Wettbewerb treibt die Produkte-Hersteller und wichtigen Akteure in der Medienwirtschaft voran. Wozu bedarf es da noch (weiterer) Forschung?

Gesundheitsthemen	40%
Energiefragen	21%
Umweltfragen	18%
Wirtschaftliche & Soziale Fragen	14%
Produktionsverfahren	2%
Raumfahrt	2%
Neue Informations- & Kommunikationstechnologien (Internet, etc.)	1%
Sonstige	0%
Weiß nicht	2%
	100%

Tabelle 1.3: Frage: *„Welcher der folgenden Forschungsbereiche sollte mit Priorität von den Forschern in der Europäischen Union bearbeitet werden?"* (EU 27; vgl. http://ec.europa.eu/public_opinion/index_en.htm)

Hier gilt es aktiv aufzuklären und die wichtige Rolle und die künftige Forschungsagenda der Medienforschung auf nationaler und internationaler (europäischer) Ebene zu bestimmen und öffentlich zu machen, - Aufgaben, die maßgeblich Fachgesellschaften wie der Deutschen Gesellschaft für Publizistik und Kommunikationswissenschaft (DGPuK) und anderen deutschsprachigen und europäischen Verbänden im Fach zukommen.

Die EU mit ihren vielfältigen Forschungsprogrammen bietet tatsächlich viele gute Ansatzpunkte, um die „Internationalisierungsgewinne" der Medienforscher (vgl. Kapitel 2 und 3) abzusichern und auszuweiten. Doch bedarf es sorgfältiger Planung, umfassender Vernetzung und zusätzlicher Maßnahmen gezielter Lobbyarbeit, um über die nationalen Forschungsförderer und weitere Kanäle brachliegende Bereiche für die internationale Medienforschung zu erschließen. Die Mittelverteilung im 7. EU-Rahmenprogramm zeigt: In Bezug auf den 53 272 Millionen Euro-Etat für die Jahre 2007 bis 2013 gilt, dass die *Informations- und Kommunikationstechnologien* mit 17,10% über den größten Einzeletat im gesamten Budget verfügen können (9110 Millionen Euro), gefolgt vom Gesundheitsetat mit 11,36% (6050 Millionen Euro), beide verankert im Programm „Zusammenarbeit" (Cooperation; Etat: 32 365 Millionen Euro).

Das Programm *„Zusammenarbeit"* dient der Förderung von Verbundforschung. Daneben gibt es noch Programme für die Förderung von Auslandsaufenthalten bzw. die Laufbahnentwicklung von Forschern (*„Menschen"* bzw. People; Etat: 4728 Millionen Euro) und für die Entwicklung der Forschungsinfrastrukturen (*„Kapazitäten"*, Capacities; Etat: 4217 Millionen Euro). Das Programm *„Ideen"* (Ideas) schließlich bildet einen vierten wichtigen Programmbereich, der unabhängiger Forschung durch besonders talentierte Forscher/innen dient (Nachwuchswissenschaftler ebenso wie etablierte Forscher) und einen Anteil von 14,00% am Gesamtetat des 7. Rahmenprogramms ausmacht (Etat: 7460 Millionen Euro; vgl. „RP7. Die Antworten von morgen beginnen schon heute. 7. Rahmenprogramm"; vgl. www.kowi.de). Insgesamt gibt es im laufenden Rahmenprogramm drei große Zugänge zur Finanzierung von Medienforschungsprojekten. Neben den Programmen im Bereich der (1) Informations- und Kommunikationstechnologien handelt es sich (2) um den Etat für die Gesamtheit der Sozial-, Wirtschafts- und Geisteswissenschaften, sowie (3) um den Etat des European Research Council (ERC).

Für die Gesamtheit der Sozial-, Wirtschafts- und Geisteswissenschaften, die im Programm „Zusammenarbeit" verankert ist, werden vom Gesamtetat von 53 272 Millionen Euro allerdings lediglich 1,15% zur Verfügung gestellt, - eine Unausgewogenheit, die die EU-Kommission derzeit nur notdürftig durch den Hinweis auf zusätzliche Beteiligungsmöglichkeiten an den anderen Programmen auszugleichen sucht (vgl. die Broschüre „New societal challenges for the European Union. New challenges for the social sciences and the humanities", 2009; http://cordis.europa.eu/fp7/ssh/home_en.html). Dennoch ist auch dieses Programm für Medienforscher attraktiv: Mit 610 Millionen Euro (auf 7 Jahre) sollen ausschließlich „koordinierte interdisziplinäre Ansätze" gefördert werden, wobei zusätzlich auch „auf die Schaffung einer kritischen Masse von Akteuren unter Einbeziehung wichtiger Interessengruppen" zu achten ist. „Darüber hinaus werden ethische und Gender-spezifische Aspekte, so heißt es darin, auch in Zukunft sowohl für die Durchführung von Forschungsprojekten als auch für deren Inhalt von entscheidender Bedeutung sein." (vgl. „Forschung in den Sozial-, Wirtschafts- und Geisteswissenschaften. Ein neuer Ansatz", 2010; http://cordis.europa.eu/fp7/ssh/home_de.html). Im Zusammenhang zur Social Sciences & Humanities-Förderung der EU sei an dieser Stelle zusätzlich auf das 2009 veröffentlichte Gutachten von METRIS (Monitoring European Trends in Social Sciences and Humanities) verwiesen, das unter anderem die thematischen Schwerpunkte „The iconic turn and the analysis of iconospheres", „The technologisation of research in the social sciences and the humanities" sowie „Space, landscape and virtuality as new socio-political environments" als künftige „cross-cutting themes" nennt (vgl. dazu „Emerging Trends in Socioeconomic Sciences and Humanities in Europe. The METRIS Report", 2009; http://cordis.europa.eu/fp7/ssh/home_en.html). Es ist davon auszugehen, dass interdisziplinär arbeitende Geistes- und Kulturwissenschaftler (mit und ohne Medienbezug) hier in hohem Maße als Antragsteller aktiv werden. Zugleich enthalten diese und andere Themen aber auch und speziell für Medienforscher/innen Ansatzpunkte für zahlreiche interessante Projekte.

Der dritte Eckpfeiler der Gemeinschaftsforschung der Europäischen Union im 7. Rahmenprogramm, der für Medienforscher relevant ist, ist das vorab erwähnte Programm „Ideen", das vom Europäischen Forschungsrat (European Research Council ERC; http://erc.europa.eu), einer DFG-ähnlichen Struktur, verwaltet wird und das über ein Budget von 7460 Millionen Euro verfügt. Von EU-Forschern/Forscherinnen entwickelte Programme stellen sich hier einem Wettbewerb der besten Ideen in den Bereichen Life Sciences (LS), Social Sciences and Humanities (SH) und Physical Science and Engineering (PE).

Insgesamt lassen sich so in Kombination mit sozialpolitischen Vorhaben wie der bereits erwähnten, im Mai 2010 von der EU verabschiedeten „Digital Agenda for Europe" aus den europäischen Förderstrukturen sinnvolle und wichtige Projekte für die Kommunikationswissenschaft und Medienforschung ableiten, die über die Europa-orientierte Forschungsförderung der Deutschen Forschungsgemeinschaft (DFG) und nationale Forschungsmittel aus Stiftungen, staatlichen Fördertöpfen der Ministerien und aus der Medienindustrie hinausgehen. Mit weiteren neuen Forschungsmöglichkeiten für Medienforscher/innen, die innerhalb und außerhalb dieser Programme liegen, befasst sich Kapitel 6.

Zum Aufbau des Buches

In den Kapiteln 2 und 3 werden die Analyseergebnisse zur Dresdener Studie vorgestellt. Kapitel 2 behandelt den Status Quo der Internationalisierung in der Kommunikationswissenschaft und Medienforschung, wie er sich in den Daten dieser Befragungsstudie abbildet. Kapitel 3 beleuchtet eine Reihe von psychologischen Faktoren, die Internationalisierungsprozesse in der Forschung befördern und behindern können, und analysiert die Einstellungen der Medienforscher/innen zum „Forschungseuropa der Chancen". Die Bedeutung forschungsethischer Fragestellungen für den Erfolg von Internationalisierungsprozessen wird in Kapitel 4 diskutiert. In Kapitel 5 schließlich findet sich ein Kompendium international gültiger Ethikregeln für die Medienforschung und die Medienpraxis. Es wurde aus verschiedenen ethischen Regelwerken zusammengestellt und in vielen Passagen für die besonderen Bedürfnisse und Zwecke der Medienforschung adaptiert. Mit Hilfe dieses Kompendiums soll es möglich sein, Ethikfragestellungen von der Grundlagenforschung bis zur Auftragsforschung abzuklären und erfolgreiche Forschungsdesigns unter sorgfältiger Berücksichtigung ethisch relevanter Aspekte zu entwickeln. Kapitel 6 analysiert das Berufsfeld der Freien akademischen Medienberufe und den Strukturwandel in den verschiedenen Tätigkeitsfeldern. Darüber hinaus werden Vorschläge für den Einsatz sozialwissenschaftlicher Methoden der Medienforschung in solchen Bereichen entwickelt, die im weiten Areal der kommunikationswissenschaftlichen, journalistischen bzw. publizistischen Forschung bisher noch weitgehend „weiße Flecken" bilden, weil es an qualifiziertem Personal mangelt, sie zu besetzen. Kapitel 7 schließlich stellt zwei Erhebungsinstrumente aus der Dresdener Befragung vor, die sich zur Evaluation und Selbstevaluation in der universitären Arbeitsumwelt eignen.

Kapitel 2

Angekommen im Europa der Forscher? Analysen zur Internationalisierung der deutschsprachigen Medienforscher

(German Communication Science and the European Research Area. An Internationalization Analysis)

Kapitel 2:

Angekommen im Europa der Forscher? Analysen zur Internationalisierung der deutschsprachigen Medienforscher

(German Communication Science and the European Research Area. An Internationalization Analysis)

Zusammenfassung:
Auf der Basis einer Befragung von N=230 Medienforschern aus aller Welt wurde versucht, den Stand der Internationalisierung der deutschsprachigen Kommunikationswissenschaft und ihrer Integration in das neue Europa der Forschung zu bestimmen. Mit jeweils 85 Befragten bildeten die deutschsprachigen und die nordamerikanischen Medienforscher die größten Teilgruppen. Erhoben wurden Daten zum psychosozialen Arbeitsumfeld, zur Nachwuchsförderung, zum Publikationsverhalten und zu weiteren wissenschaftlichen Leistungsindikatoren. Im Ergebnis erwiesen sich die deutschsprachigen Medienforscher als international bemerkenswert gut aufgestellt. Defizite liegen im universitären Arbeitsumfeld, in der Nachwuchsförderung, im fehlenden Mentoring bei nahezu einem Drittel der Nachwuchswissenschaftler, in fehlenden Gelegenheiten zu internationalen Forschungsaufenthalten sowie in der - trotz zahlreich vorhandenem, für internationale Aufgaben gut qualifizierten Personals - zahlenmäßig zu kleinen Elite, die den Internationalisierungsprozess dominiert.

Schlüsselwörter: Kommunikationswissenschaft, Medienforscher, Internationalisierungsanalyse, Universitätskultur, Europäischer Forschungsraum (ERA), Elitisierung, Mentoring, Dresdener Studie

Abstract:
N=230 media researchers from all over the world (including 85 researchers from German-speaking countries and 85 researchers from North America) participated in a survey on the state of internationalization of communication research in the German-speaking countries. Main issues raised were: The psychosocial work environment at the universities; mentoring, especially early-career mentoring; classical indicators of research quality. Results: The young Germanspeaking workforce in communication science is well-prepared for international

research tasks and is already very active in international and European media research. Problems and deficits that endanger further success in internationalization are: A burdensome university-level work environment, a lack of chances to do research abroad, missing mentoring efforts affecting nearly one third of the early-career scientists, and elitist developments that prevent the presently considerable number of highly talented and well-prepared media researchers from entering the European research market.

Keywords: communication science, media researchers, internationalization analysis, university-level environment, European Research Area (ERA), elitist orientation, mentoring, Dresden study

Einleitung

Thema dieses Kapitels und der darin beschriebenen Befragungsstudie ist die Analyse von Internationalisierungsprozessen in der Kommunikationswissenschaft und Medienforschung. Das Hauptaugenmerk liegt auf dem Studium von *Internationalisierungsprozessen im deutschsprachigen Raum*, wobei, wo immer es sinnvoll erscheint, der Vergleich mit den nordamerikanischen Medienforschern und ein Abgleich mit den übrigen Europäern gesucht wird. Wie der Titel des Kapitels verrät, gab es neben der Erfassung des Status Quo zur Internationalisierung weitere Analyseebenen. Dabei standen Internationalisierungsprozesse im europäischen Forschungsraum im Mittelpunkt. Das von der EU Kommission betriebene, ambitionierte Projekt des Aufbaus eines gemeinsamen europäischen Forschungsraums hat seine Spuren in der deutschsprachigen Kommunikationswissenschaft hinterlassen. Wo Fortschritte zu verzeichnen sind, wo Defizite bestehen und welche Entwicklung das Fach auf europäischer Ebene nehmen kann, darüber soll nachfolgende die Analyse Aufschluss geben.

Die Dresdener Studie: Konzept, Fragestellungen, Instrumente, Ergebnisse

Zu keinem Zeitpunkt in der Geschichte der deutschsprachigen Kommunikationswissenschaft haben so viele junge Menschen ein Universitätsstudium im Fach Kommunikationswissenschaft bzw. Journalistik (und vergleichbaren Studiengängen) angestrebt und dabei als Ziel angegeben, mit dem Studienabschluss eine Tätigkeit in der Medienwirtschaft aufnehmen zu wollen. Zu keiner Zeit haben so viele gut- und hochbegabte junge Menschen dieses Fach ausgewählt, das vielerorts nun mit einem hohen Numerus Clausus bewehrt ist. Für die Kommunikations- und Medienforschung als Wissenschaft stellt diese Situation eine einmalige historische Chance dar: Die große Anzahl der Studienbewerber hat zu einem raschen Aufbau neuer, moderner Studiengänge geführt, wodurch auch Gelegenheit zu schnellen Aufstieg in der Wissenschaft gegeben war. Viele Universitäten haben sich kurzfristig entschlossen, vorhandenes Personal durch junge Wissenschaftler und Wissenschaftlerinnen zu ergänzen und ihnen früh viel Verantwortung übertragen. Mit den neuen Freiheiten und den vielen Gestaltungsmöglichkeiten geht die Verantwortung für die Ausbildung von Studierenden einher, die heute in der Regel begabt und sehr studierfähig sind. Sie fordern ihre Professoren und Dozenten, und in ihrer Überzahl bedeuten sie vielerorts ein unschätzbares Potenzial, stehen aber zugleich auch für Stress und hohe Arbeitslast.

Zusätzliche Belastungen entstehen dadurch, dass die Kommunikationswissenschaft an vielen Universitätsstandorten zwar willkommen ist, sich die Professoren und Dozenten in den neu gegründeten Studiengängen jedoch nur schrittweise gegenüber den bestehenden Strukturen durchsetzen können. Die Universitätsreformen, die nicht nur im deutschsprachigen Raum, sondern in ganz Europa für erhebliche Unruhe sorgen, verkomplizieren die Lage, aber sind zugleich auch Wegbereiter der neuen Offenheit gegenüber den akademischen Medienberufen. Insgesamt verzeichnet das Fach derzeit einen „Nettogewinn" in Bezug auf den Ausbau im Hochschulbereich: Die für eine moderne zukunftsorientierte Gesellschaft so wichtigen Medienberufe erhalten damit ein fundiertes und vielfältiges akademisches Ausbildungsangebot (vgl. Donsbach, 2006; Hömberg & Hackel-de Latour, 2005).

Dass im Zuge dieses Prozesses nicht nur äußere Reformeinflüsse auf das Fach einwirken, zeigt der Vergleich zu den USA, dem Land mit der höchsten Studiengangdichte in den Bereichen Kommunikationswissenschaft, Journalistik und Medien. Die Führungsrolle der Nordamerikaner im Fach, analysiert man den wissenschaftlichen Output der letzten Jahrzehnte in seiner ganzen fachlichen Breite und Intensität, ist unbestritten. Europa mit seiner langen Universitätstradition und die neuen asiatischen Länder holen rasch auf. Das hohe Innovationstempo im Fach resultiert jedoch nicht allein aus dem internationalen Wettbewerb. Der Druck erwächst vielmehr aus dem inneren Kern des Fachs. Jeder, der hier ernsthaft forscht, ist von den massiven Veränderungen betroffen, die den Gegenstand des Fachs betreffen. Wie kaum eine andere Wissenschaft musste und muss die Kommunikationswissenschaft die mit der technologischen Medienentwicklung einhergehende, umfassende Veränderung ihres Gegenstandsbereichs bewältigen. Die Herausforderung liegt darin, mit dem hohen technologischen Innovationstempo Schritt zu halten, d.h. in rascher Folge immer wieder neue Theorien und Forschungsinstrumente zu entwickeln und umzusetzen. Zugleich gilt es, den Anschluss an die Grundlagen und Traditionen des Fachs mit Blick auf forschungsökonomische und fachsystematische Gesichtspunkte zu wahren und dabei die Ausbildungsbedürfnisse der Studierenden und die praktischen Anforderungen im Beruf nicht aus den Augen zu verlieren.

Für die Europäische Union sind im Rahmen der Politik des „Europa der Bürger" die Medien mit ihrer wichtigen Funktion für den Demokratisierungsprozess seit langem Bestandteil der politischen Agenda (vgl. Walkenhorst, 1999). Wo immer Absolventen der neuen Medienstudiengänge als Angehörige eines freien Berufes in Europa tätig werden, ist Intelligenz, eine gute Ausbildung und hohes Verantwortungsbewusstsein gefragt. In der Forschung verfolgt die Europäische Union im nunmehr 7. Rahmenprogramm das ehrgeizige Ziel abgestimmter Forschungsaktivitäten der europäischen Wissenschaftler in der gemeinsamen *European Research Area* (ERA). Die EU-Forschungsagenda, verbunden mit der Forderung nach internationaler Kooperation und interdisziplinärer Zusammenarbeit, bedeutet für die Kommunikations- und Medienforscher neben neuen Chancen auch neue Anforderungen.

Forschungsfragen zur Internationalisierungsanalyse

Die hier vorgelegte Untersuchung ist Teilstück eines größeren Projekts, das im Kern aus einer umfassenden Befragungsstudie bei internationalem Fachpublikum aus der Kommunikationswissenschaft bestand. Die nachfolgenden Forschungsfragen leiteten die Untersuchung an.

I. Was kennzeichnet das Arbeitsumfeld der deutschsprachigen Medienforscher und die sie umgebende Universitätskultur (auch im Vergleich zur nordamerikanischen, europäischen und internationalen Kollegenschaft)?

II. Wie sieht die „Förderkultur" für den deutschsprachigen wissenschaftlichen Nachwuchs im Fach aus, wie wird sie bewertet (auch im Vergleich zur nordamerikanischen, europäischen und internationalen Kollegenschaft)?

III. Wie behaupten sich die deutschsprachigen Medienforscher in Bezug auf klassische Leistungsindikatoren wie Publikationen, Tagungsteilnahmen, Forschungsprojekte und Forschungsaufenthalte im Vergleich zur nordamerikanischen bzw. internationalen Kollegenschaft? Verläuft der Internationalisierungsprozess demnach eher arbeitsteilig oder zeigen sich Anzeichen für eine (zu) rasche Elitisierung?

IV. Wie nehmen die deutschsprachigen Medienforscher das neue „Forschungs-europa der Chancen" wahr? Welche Rolle spielen Europa und die europäischen Forschungsprogramme für den Internationalisierungsprozess? Welche Einstel-lungen haben sich herausgebildet? Gibt es bereits Hinweise auf die Entstehung der von EU-Politikern und nationalen Drittmittelgebern angestrebten „europäi-schen Forschungsidentität"? (vgl. Kapitel 3)

V. Welche Rolle spielen Aspekte wie Citizenship, Ortsbindung und Mobilität für den Internationalisierungsprozess in der Kommunikationswissenschaft? (vgl. Kapitel 3)

VI. Wie ist der Grad der Internationalisierung der deutschsprachigen Medien-forscher insgesamt zu bewerten? Wie ist das Fach im internationalen Wettbe-werb aufgestellt, wo liegt sein Potenzial, wo gibt es Defizite? (vgl. Kapitel 3)

Methode der Untersuchung

Die Durchführung des Jahreskongresses der *International Communication Association* (ICA) in Dresden im Juni 2006 bot eine einmalige Gelegenheit, europäische Wissenschaftler und die internationale Scientific Community in der Kommunikationswissenschaft zum State of the Art zu befragen. Die *Deutsche Gesellschaft für Publizistik und Kommunikationswissenschaft (DGPuK)* hielt parallel zum internationalen Kongress und integriert in sein Programm ihre Jahrestagung ab, so dass nicht nur die international aktiven deutschsprachigen Wissenschaftler, sondern die Gesamtheit der aktiven Medienforscher aus dem deutschsprachigen Raum auf dem Kongress anzutreffen waren. Die ICA ist die derzeit führende, größte internationale Fachgesellschaft. Sie verfügt über eine relativ große nordamerikanische Mitgliedschaft, die gut organisiert ist, in den internationalen Publikationsorganen dominiert und im Fach eine Leitfunktion einnimmt. In der letzten Dekade hat die ICA - auch angesichts der kontinuier-lich wachsenden internationalen Mitgliedschaft - zahlreiche Initiativen zur ver-stärkten Internationalisierung ihrer Strukturen ergriffen.

Etwa die Hälfte der Mitgliedschaft der ICA sind Wissenschaftler im Profes-sorenrang mit unbefristeter Anstellung. Die andere Hälfte sind Nachwuchswis-senschaftler im Rang eines *Assistant Professor* und darunter (Doktoranden, Postdocs). Die Deutsche Gesellschaft für Publizistik und Kommunikationswissenschaft (DGPuK) hat ihre Mitgliedschaft im gesamten deutschsprachigen Raum. Das Gros der im Fach berufenen Professoren ist hier Mitglied. Der in den letzten zehn Jahren enorm gestiegene Anteil an qualifizierten Nachwuchswissenschaftlern (Doktoranden, wissenschaftliche Mitarbeiter, Privatdozenten) liegt in Relation zur Zahl der berufenen Professoren bei etwa 3 zu 1 und dokumentiert eindrucksvoll die enorme Dynamik, die sich hierzulande im Fach entfaltet.

Zusammensetzung der Stichprobe und der Teilstichproben

Über 2000 Wissenschaftler aus aller Welt haben an der Tagung in Dresden teilgenommen. Nicht nur die Mitglieder beider Fachgesellschaften, sondern im Grunde jeder, der in der Medienforschung aktiv ist, hatte sich dort persönlich eingefunden oder war zumindest durch eines oder mehrere Mitglieder der eigenen Institution vertreten. Insgesamt konnten N=230 Wissenschaftler und Wissenschaftlerinnen umfassend befragt und in die Auswertung einbezogen werden. Gut die Hälfte von ihnen, nämlich 51,3% kamen aus Europa, 48,7% kamen aus dem außereuropäischen internationalen Ausland (118:112 Teilnehmer). Vom Alter her umfassten sie die Geburtsjahrgänge 1935 bis 1985 und waren im Durchschnitt knapp 40 Jahre (39;11) alt. Altersmäßig unterscheiden sich die zwei größten Teilgruppen statistisch signifikant [t(df=166) = 3,49] um 6 Jahre voneinander, d.h. die nordamerikanischen Medienforscher waren zum Zeitpunkt der Befragung durchschnittlich 42 Jahre alt, ihre deutschsprachigen Kollegen/innen hingegen nur 36 Jahre. 53,9% der Befragten waren Professoren (mit Festanstellung), 46,1% waren Nachwuchswissenschaftler (124:106). Etwas weniger als die Hälfte der Befragten (48,7%) war männlich, etwas mehr als die Hälfte (51,3%) weiblich (112:118). Für die meisten Fragestellungen ergaben sich somit ausreichende Gruppengrößen für die weiteren statistischen Berechnungen.

Die nach Teilnehmerzahl in Dresden am stärksten vertretenen Nationen waren die USA, Deutschland, die Niederlande und Großbritannien. Die Gesamtgruppe von N=230 Befragten wurde für die weiteren Analysen auf Teilstichproben verkleinert: (1) *Deutschsprachige Forscher vs. nordamerikanische Forscher*: Die wichtigste Teilstichprobe war die der deutschsprachigen Wissenschaftler (hier wurden alle deutschsprachigen Länder einbezogen, da das wissenschaftliche Personal seit Jahrzehnten über die Ländergrenzen hinweg berufen wird und langjährige Kooperationsbeziehungen bestehen), die systematisch mit der Teilstichprobe der Nordamerikaner (USA und Canada; auch diese beiden Nationen pflegen seit vielen Jahren enge Kooperationsbeziehungen) verglichen wurde. Beide Gruppen umfassten jeweils n=85 Personen. Da beide Gruppen die

Gesamtstichprobe dominierten, fielen viele Ergebnisse, die für diesen Gruppenvergleich erzielt wurden, häufig auch für den Vergleich der europäischen Medienforscher mit den internationalen Kollegen/innen identisch aus. (2) *Europäische Forscher vs. internationale Forscher*: Für einen Teil der Fragestellungen war es sinnvoll, die Antworten der insgesamt 118 Europäer mit denjenigen der 112 Befragten aus dem internationalen Ausland zu vergleichen. (3) *Europäische Forscher im Vergleich*: Für einen Teil der Fragestellungen erwies es sich trotz der teilweise geringen Anzahl der Befragten als sinnvoll, europäische Länder/Ländergruppen miteinander zu vergleichen. Diese Vergleiche beziehen sich auf die sechs Teilgruppen Südeuropa, Osteuropa, Nordeuropa, deutschsprachige Länder und - aufgrund der relativ hohen Teilnehmerzahlen aus diesen beiden Nationen - einzeln auf die Länder Großbritannien und Niederlande.

Um festzustellen, welche Forschungsschwerpunkte/Forschungsthemen die in die Befragung einbezogenen Teilnehmer/innen hatten, wurde ihnen die Struktur der ICA Divisions vorgegeben (bis zu drei Bereiche konnten gewählt werden). Die Analyse der angegebenen Arbeitsschwerpunkte zeigt, dass die Stichprobe der Befragten über eine hohe inhaltliche Bandbreite verfügt, was angesichts der Zusammenlegung beider internationaler Jahrestagungen zu erwarten war. Im Abgleich zu den Mitgliedschaften der Fachgruppen beider Verbände (ICA, DGPuK) weist die Stichprobe eine gute Passung auf, wobei die mitgliederstarken Fachgruppen beider Verbände im Vergleich zu den Fachgruppen mit geringeren Mitgliederzahlen in der Stichprobe proportional entsprechend vertreten sind (s. Anhang S. 201f.).

Beschreibung der Erhebungsinstrumente

Bei der Befragung der Kongressteilnehmer kamen überwiegend erprobte Befragungsinstrumente zur Anwendung, die hier neu zusammengestellt wurden. Darüber hinaus wurden zu wissenschaftlich wenig erschlossenen Themen Fragenkomplexe formuliert, die so aufgebaut waren, dass sie auf der Basis der Ergebnisse zu zuverlässig messenden neuen Skalen zusammengefasst werden konnten. Zur Prüfung der Struktur und der Reliabilität der Messung wurden alle Skalen wurden per Faktorenanalyse (bei dichotomen Daten Hamann-FA) und Cronbachs Alpha analysiert. Die 7-faktorielle Struktur des Fragebogens hat sich im Ergebnis in der Dresdner Stichprobe gut bestätigt (Hauptkomponentenanalyse mit Varimax-Rotation; Varianzaufklärung: 52%; alle sieben Skalen erzielten Homogenitätswerte mit einem Cronbachs Alpha zwischen $.66 < \alpha < .80$).

Das spezifische universitäre Umfeld, in dem der einzelne Wissenschaftler/die Wissenschaftlerin arbeitet, spielt eine zentrale Rolle für das Erreichen eigener Ziele und den potenziellen Erfolg eines Wissenschaftlers. Um die allgemeine Situation der Medienforscher an den Universitäten, Hochschulen und Forschungseinrichtungen zu erfassen, wurde der *University-Level Environment Questionnaire* (ULEQ) von Dorman (1999a, 1999b, 2000a, 2000b) verwendet (dt. Fassung in Kapitel 7). Der Fragebogen ist testtheoretisch gut abgesichert und wurde bisher an insgesamt 28 australischen Universitäten eingesetzt. Er erfasst zentrale Dimensionen zur Bewertung der Forschungs- und Lehrsituation aus der Sicht der befragten Wissenschaftler. Zur Evaluation der in der Mehrheit zu einseitig lehrorientierten australischen Universitäten brauchte man ein solches Instrument, um nötige Reformen voranzutreiben (Glaser, 2010; Viebahn, 2004). Dorman (2000a) konnte zeigen, dass die alteingesessenen australischen Forschungsuniversitäten sich von den vielen Neugründungen der letzten Jahrzehnte deutlich in Bezug auf die Forschungsorientierung und die gewährte Akademische Freiheit abhoben.

Die Skala *Forschungsorientierung* (Concern for Research and Scholarship) des ULEQ erfasst, in welchem Ausmaß eine Universität um qualifizierte Forschung bzw. Exzellenz bemüht ist. Die Skala *Lehrorientierung* (Concern for Undergraduate Learning) erfasst, in welchem Ausmaß die Universität strukturell und bezogen auf die akademische Lehre überzeugend auf Studierende auf dem Bachelor-Level ausgerichtet ist. Die Skala *Ziele-Konsens* (Mission Consensus) erfasst den wahrgenommenen Konsens unter den Wissenschaftlern einer Universität in Bezug auf die grundlegenden Zielsetzungen, die die Universität verfolgt. Die Skala *Akademische Freiheit* (Academic Freedom) des ULEQ misst, in welchem Ausmaß Wissenschaftler und Studierende über akademische Freiheit verfügen. Die Skala *Selbstverantwortlichkeit* (Empowerment) erfasst das Ausmaß, in dem die Wissenschaftler Gelegenheit dazu erhalten, in ihrem Arbeitsfeld selbstverantwortlich zu handeln und zu entscheiden. Die Skala *Zugehörigkeit und Kollegiale Unterstützung* (Affiliation) misst, in welchem Ausmaß sich ein Wissenschaftler innerhalb der Universität der Unterstützung, Beratung, Ermutigung und Akzeptanz durch die Kollegen sicher sein kann. Die Skala *Leistungsdruck* (Work Pressure) schließlich erfasst, in welchem Ausmaß auf den Einzelnen Druck ausgeübt wird, mehr zu leisten.

Jede wissenschaftliche Karriere hat eine Startphase, die idealerweise von einem wichtigen Förderer (engl. mentor) begleitet wird. Rose (1999) hat eine Skala entwickelt, die die grundlegende Qualitäten solcher Mentoren erfassen soll („*Ideal Mentor Scale*", IMS). Für die vorliegende Untersuchung war diese Skala mit 34 Fragen zu lang, weshalb auf die neun von Rose ermittelten „core IMS items" zur Erfassung zentraler Eigenschaften guter Mentoren zurückgegriffen wurde (My Mentor Scale, MMS; dt. Fassung in Kapitel 7). Diese Skala wurde in der Dresdener Befragung im Sinne einer Intensitätsskala (Mentoring-Kurzskala) verwendet, wobei jedoch zuvor erfasst wurde, ob die Befragten überhaupt über einen Mentor/eine Mentorin im Sinne einer sie persönlich fördernden Person verfügten. Beide Indizes sind geeignet, die solide Verankerung von Wissenschaftlern im eigenen Fach anzuzeigen. Ein guter Mentor wird in der Mentoring-Kurzskala als erfahrener Mensch beschrieben, intellektuell neugierig, zuverlässig und forschungsethisch einwandfrei. Er/sie kann gut kommunizieren. Darüber hinaus ist er/sie für die Kandidaten/Doktoranden stets zugänglich, fordert sie heraus und kritisiert sie konstruktiv. Die Teilnehmer an den Validierungsstudien von Rose (1999) hoben hervor, wie wichtig die persönliche Integrität eines Mentors/einer Mentorin ist, d.h. er/sie sollte sich und andere respektieren, klare Prinzipien haben und vom Potenzial und der Begabung des Schützlings überzeugt sein. Eine persönliche Beziehung zum Mentor/zur Mentorin wurde hingegen als nicht erforderlich angesehen.

Bei der Befragung der Dresdner Kongressteilnehmer wurde darüber hinaus die von Snyder (2000) entwickelte, zweidimensionale allgemeine *Hope Scale* eingesetzt. Psychologisch gesehen ist die Hoffnung eine unverzichtbare motivationale Variable zum Erreichen von Zielen, insbesondere von beruflichen Zielen. Im Zuge der Karriereplanung denken sich Menschen Wege aus, die sie zu ihren Zielen führen sollen. Das sind die sogenannten „pathway thoughts". Die Skala *Pathway Thoughts* erfasst die positive Einschätzung der Güte der gewählten Strategien auf dem Weg zum Ziel (kurz: der persönlichen Problemlösekompetenz). Bei der Karriereplanung auftretende „agency thoughts" indizieren laut Snyder (2000), wie stark sich der Einzelne in seinen Aktionen als selbst aussichtsreich handelnd in Bezug auf die gesetzten Ziele wahrnimmt. Die Skala *Agency Thoughts* misst also den Optimismus bezogen auf den durch das eigene Handeln erzielbaren Handlungserfolg. Beide Skalen erfassen über die Zeit erworbene, stabile Persönlichkeitszüge und nicht etwa aktuelle, kurzfristig veränderbare Stimmungslagen. Berufliche Arbeit, die bedeutungsvoll ist und Aufgaben, die man liebt, sind laut Snyder eine wichtige Quelle für Wohlbefinden und Hoffnung. Wer seinen Beruf schätzt und darin Perspektiven entwickeln kann, erzielt deutlich höhere Werte auf den beiden Dimensionen der *Hope Scale* (vgl. Snyder, 2000).

Zur Erfassung der klassischen Leistungsindikatoren wurden für die Dresdener Untersuchung neue Skalen entwickelt. Die Teilnehmer wurden umfassend zur ihrer Tagungs- und Kongresspartizipation, zu ihren Zeitschriften- und Buchpublikationen und zu ihren Forschungsprojekten auf nationaler und internationaler Ebene befragt, und zwar bezogen auf den Zeitraum der zurückliegenden 2-3 Jahre. Eine Faktorenanalyse aller Indizes förderte zwei Faktoren zutage, so dass zwei zuverlässig messende Indexe erstellt werden konnten. Die Skala *Nationale Forschungsaktivitäten mit nationaler und internationaler Agenda* dokumentiert, in welchem Ausmaß sich Wissenschaftler an der internationalen Forschungsagenda orientieren (z.b. durch internationale Kongressteilnahmen), zugleich jedoch projektbezogen und publizistisch auf der nationalen Ebene verankert sind. Die Skala *Internationale Forschungs- und Publikationsprojekte* hingegen erfasst, in welchem Ausmaß der qualitative Sprung gelungen ist: Medienforscher und Medienforscherinnen, die hier hohe Werte aufweisen, haben durch internationale Projekte und englischsprachige Publikationen erfolgreich in den internationalen Forschungsmarkt Eingang gefunden.

University-Level Environment Questionnaire (ULEQ) mit den Subskalen:
Forschungsorientierung, Lehrorientierung, Akademische Freiheit, Selbstverantwortlichkeit, Zugehörigkeit und Kollegiale Unterstützung, Leistungsdruck

My Mentor Scale (MMS): Skala zur Messung der Mentoring-Qualität bzw. Mentoring-Intensität

Hope Scale, Persönlichkeitstest mit den Subskalen:
Pathway Thoughts, Agency Thoughts

Tabelle 2.1: Erhebungsinstrumente zum universitären Klima und zur Forscherpersönlichkeit

---

Skala *Nationale Forschungsaktivitäten mit nationaler und internationaler Agenda:*
Sie erfasst das Ausmaß, in dem Medienforscher sich an der internationalen Forschungsagenda orientieren (internationale Kongressteilnahmen etc.), jedoch projektbezogen und publizistisch auf der nationalen Ebene verankert sind

Skala *Internationale Forschungs- und Publikationsprojekte:*
Sie erfasst Aktivitäten auf dem internationalen Forschungsmarkt (internationale Projekte, englischsprachige Publikationen etc.)

Tabelle 2.2: Indizes zur Erfassung von Forschungsleistungen und Internationalität

Ergebnisse: Zur Situation der Medienforscher an den Universitäten

Zur Beantwortung der ersten Forschungsfrage („Was kennzeichnet das Arbeitsumfeld der deutschsprachigen Medienforscher und die sie umgebende Universitätskultur?"), wurden die Befragungsergebnisse zum University-Level Environment Questionnaire (ULEQ) herangezogen.

Forschungsorientierung, Lehrorientierung, Ziele-Konsens

Die Skala *Forschungsorientierung* sollte Aufschluss darüber geben, wie stark die Universität der Befragten qualifizierte Forschung und Exzellenz in der Forschung förderte. Für die Anwendung des ULEQ lagen Vergleichsdaten für die australischen Universitäten vor (vgl. Dorman, 1999a, 1999b, 2000a, 2000b, 2000c). Neben Befragungsmittelwerten, die über die jeweilige Organisationseinheit gerechnet wurden (vgl. Dorman, 1999b, 2000b), gibt Dorman auch solche über die Gesamtheit der einbezogenen Universitäten an.

Im Durchschnitt bewerteten die australischen Wissenschaftler die Forschungsorientierung ihrer Universität mit M=20,47 (Bandbreite aller ULEQ-Skalen: 6-30 Punkte; in der Stichprobe überwogen die eher lehrorientierten Universitäten; vgl. Dorman, 1999a). Im Vergleich dazu erzielte die Dimension *Forschungsorientierung* bei den Teilnehmern der Dresdener Befragung einen geringfügig höheren Mittelwert von M=21,20 (n=215). Wie sich die Mittelwerte der verschiedenen Subgruppen voneinander unterschieden, wurde im Rahmen dreifaktorieller Varianzanalysen mit den Faktoren Gruppe (z.B. deutschsprachige Forscher vs. Nordamerikaner) X Beschäftigungsstatus (Professoren vs. Nachwuchswissenschaftler) X Sex (männliche vs. weibliche Forscher) ermittelt. Die deutschsprachigen Forscher unterschieden sich von den Amerikanern statistisch signifikant, d.h. die Nordamerikaner bewerteten ihre Forschungsorientierung signifikant höher ($M^{Amer}r$=21,9 zu M^D=20,4; dreifaktorielle Varianzanalyse Gruppe X Beschäftigungsstatus X Sex, F=5,62, df=1, p<.05). Zusätzlich bewerteten die Nachwuchswissenschaftler beider Gruppen die Forschungsorientierung ihrer Universitäten im Trend, d.h. auf dem 10%-Niveau höher (M^{Nach}=21,7) als die befragten Professoren (M^{Prof}=20,7). Beim Vergleich der Europäer mit den internationalen Forschern traten die Ergebnisse im Rahmen der dreifaktoriellen Varianzanalyse noch deutlicher hervor: Die internationalen Forscher schätzten die Forschungsorientierung ihrer Universitäten im Vergleich zu den Europäern statistisch signifikant höher ein (M^{Int}=21,8 vs. M^{Eur}=20,6; F=5,53, df=1, p<.05), wobei die Nachwuchswissenschaftler die Forschungsorientierung ihrer Universitäten statistisch signifikant höher einschätzten als die

Gruppe der Professoren (M^{Nach}=21,9 vs. M^{Prof}=20,7; F=4,69, df=1, p<.05). Auch die Interaktion zwischen Beschäftigungsstatus und Gruppenzugehörigkeit fiel statistisch signifikant aus und erzeugte ein interessantes Nebenergebnis: Am höchsten bewertete die Gruppe der internationalen Nachwuchswissenschaftler die Forschungsorientierung ihrer Universitäten (M=23,5; F=4,49, df=1, p<.05).

Inwieweit die Lehre an den Universitäten überzeugend auf Studierende auf dem Bachelor-Level ausgerichtet ist (Skala *Lehrorientierung*), wurde für die Gruppe der deutschsprachigen Forscher im Vergleich zu den Nordamerikanern und für die Gruppe der Europäer im Vergleich zu den internationalen Forschern untersucht. Die australischen Universitäten hatten in Dormans Untersuchungen einen Mittelwert von M=20,50 erzielt (Dorman, 1999a, 1999b, 2000a; Glaser, 2010; Viebahn, 2004). In der *Gesamtgruppe der Dresdener Befragten* erzielte die Skala *Lehrorientierung* mit M=19,0 (n=220) von 30 möglichen Punkten einen sehr niedrigen Wert, d.h. um diesen Aspekt des universitären Umfeldes ist es derzeit in der Kommunikationswissenschaft weltweit nicht gut bestellt. Im Rahmen der dreifaktoriellen Varianzanalyse wiesen die Werte der deutschsprachigen im Vergleich zu den amerikanischen Medienforschern (M^{D}=18,7 vs. M^{Amer}=19,9) nur im Trend (10%-Niveau) signifikante Differenzen auf; die Amerikaner bewerteten die Lehrorientierung ihrer Universitäten höher. Für den Faktor Beschäftigungsstatus fielen die Unterschiede statistisch signifikant aus: Die Gruppe der Professoren bewertete die Lehrorientierung ihrer Einrichtung deutlich höher als die Gruppe der Nachwuchswissenschaftler (M^{Prof}=20.0 vs. M^{Nach}=18,5; F=5,75, df=1, p<.05). Die Interaktion zwischen den Faktoren Gruppe und Beschäftigungsstatus fiel ebenfalls statistisch signifikant aus (ANOVA, F=7,36, df=1, p<.01): Während die amerikanischen Professoren die Lehrorientierung ihrer Universität positiv bewerteten (M=20,9), sahen die amerikanischen Nachwuchswissenschaftler sie deutlich kritischer (M=18,4); in den deutschsprachigen Ländern schätzten Professoren und Nachwuchswissenschaftler die Lage hingegen gleich ein und bewerteten die Lehrorientierung als eher gering (M=18,7).

Im Vergleich der Europäer zu den internationalen Forschern erwies sich die Differenz in Bezug auf die Lehrorientierung ebenfalls als nur im Trend, d.h. auf dem 10%-Niveau statistisch signifikant (M^{Eur}=18,5 vs. M^{Int}=19,5); die internationalen Forscher bewerteten die Lehrorientierung ihrer Universitäten im Trend höher. Auch hier fiel der Faktor Beschäftigungsstatus statistisch signifikant aus: die Gruppe der Professoren bewertete die Lehrorientierung deutlich höher als die Gruppe der Nachwuchswissenschaftler (M^{Prof}=19,5 vs. M^{Nach}=18,3; F=5,84, df=1, p<.05). Die Interaktion zwischen den Faktoren Gruppe und Beschäftigungsstatus fiel ebenfalls statistisch signifikant aus (ANOVA, F=4,21, df=1, p<.05): Während die internationalen Professoren die Lehrorientierung positiv bewerteten (M=20,3), schätzten die internationalen Nachwuchswissenschaftler sie als eher gering ein (M=18,2); in Europa schätzten Professoren und Nachwuchswissenschaftler die Lage hingegen gleich ein und bewerteten die Lehrorientierung ihrer Universitäten kritisch (M=18,6 bzw. M=18,4). - Nachzutragen ist noch: Innerhalb Europas wiesen insbesondere die Süd- und Osteuropäer sehr niedrige Werte auf der Skala Lehrorientierung auf. Die höchsten Werte erreichten die Niederländer. Weltweit - das eint die internationale Wissenschaftlergemeinschaft im Fach - bewertete der wissenschaftliche Nachwuchs die Lehrorientierung der Universitäten in der Kommunikationswissenschaft deutlich kritischer als die Gruppe der Professoren.

Bezogen auf den Ziele-Konsens und das Leitbild der Universitäten (Skala *Ziele-Konsens*; Mission) signalisierte der niedrige Mittelwert von M=16,96 in Dormans Studie zur Situation der australischen Universitäten (Dorman 1999a, 1999b), dass es dort um die Jahrtausendwende offenbar erhebliche Probleme gab. Auch der relativ niedrige Mittelwert von M=18,6 Punkten für die Gesamtstichprobe der Dresdener Befragten signalisiert Strukturprobleme, in diesem Fall bezogen auf die Medienstudiengänge. Beim Vergleich der Werte der Nordamerikaner mit den deutschsprachigen Forschern offenbarte die dreifaktorielle Varianzanalyse (Gruppe X Beschäftigungsstatus X Sex), dass die deutschsprachigen Forscher den Ziele-Konsens an ihren Universitäten signifikant geringer bewerteten als die Amerikaner (n=157; M^D=17,7 zu M^{Amer}=19,4; F=4,86, df=1, *p*<.05). Dies gilt auch für die Gruppe der Europäer im Vergleich zu den internationalen Forschern (M^{Eur}=17,9 zu M^{Int}=19,3; F=4,74, df=1, *p*<.05). Bemerkenswert ist: Die deutschsprachigen Länder erzielten auch im Vergleich zu den übrigen Europäern den geringsten Wert!

Fazit: Probleme vorprogrammiert!

In einem ersten Resümee ist daher festzustellen, dass die relativ geringe Bewertung der *Forschungsorientierung* der Universitäten bei den deutschsprachigen Medienforschern darauf hinweist, dass der schnelle Ausbau der Medienfächer hier unübersehbar Spuren hinterlassen hat. Offenbar sind viele Professoren/innen angesichts hoher Lehrbelastung und einer Vielheit weiterer Aufgaben mit ihrer Forschung ins Hintertreffen geraten, während die Nachwuchswissenschaftler die Lage geringfügig optimistischer bewerten. Insgesamt erhält die Forschungsorientierung im Fach weltweit eine unterdurchschnittliche Bewertung! Noch deutlich ungünstiger wurde die *Lehrorientierung* im Fach bewertet, wobei sich bei den Europäern und den deutschsprachigen Forschern die Professoren und die Nachwuchswissenschaftler in ihrer kritischen Bewertung der Gesamtlage einig waren, während die nordamerikanischen bzw. internationalen Professoren im Gegensatz zu den Nachwuchswissenschaftlern die Situation weniger kritisch bewerteten. Letzteres wird verständlich, wenn man bedenkt, dass im anglo-amerikanischen Raum Lehre auf dem Bachelor-Level häufig durch Nachwuchswissenschaftler erbracht wird. Die niedrigen Werte für den *Ziele-Konsens* (Mission) bei allen Befragten überraschen nicht. Bereits die kritischen Daten zur Forschungs- und Lehrorientierung zeigen, dass die Universitätsleitungen offenbar zu wenig darauf achten, den Medienforschern ausreichend Unterstützung zu gewähren und im Konsens zu handeln. Dieses Verhalten erhöht die Gefahr frühzeitigen Ausbrennens in der anstrengenden Ausbauphase des Fachs. Hervorzuheben ist der sehr geringe Wert für den Ziele-Konsens bei der Gruppe der deutschsprachigen Medienforschern/innen.

Akademische Freiheit und Selbstverantwortlichkeit

Die weiteren Dimensionen des ULEQ führen näher an die unmittelbaren Arbeitsbedingungen von Wissenschaftlern an Universitäten heran. Das Ausmaß, in dem die Lehrenden und die Studierenden über *Akademische Freiheit* verfügen, wurde für die Gruppe der deutschsprachigen Forscher im Vergleich zu den Amerikanern und für die Gruppe der Europäer im Vergleich zu den internationalen Forschern untersucht. In der Gesamtstichprobe erzielten die Dresdener Befragten einen über Dormans Mittelwert liegenden Wert von M=21,70 (n=215; Dorman 1999a: M=20,43). Für die Teilstichprobe der deutschsprachigen und nordamerikanischen Medienforscher lag der Mittelwert auf der Skala Akademische Freiheit mit M=22,0 (n=159) noch etwas höher. Im Rahmen der dreifaktoriellen Varianzanalyse (Gruppe X Beschäftigungsstatus X Sex) ergaben sich keine weiteren statistisch signifikanten Differenzen in der Teilstichprobe. In der Gesamtstichprobe ergab die dreifaktorielle Varianzanalyse für den Faktor Gruppe (Vergleich der Europäer mit den internationalen Medienforschern) jedoch eine statistisch signifikante Differenz: Die Gruppe der Europäer bewertete ihre akademische Freiheit mit M=21,0 (n=215) statistisch signifikant geringer als die Gruppe der internationalen Forscher, die einen Mittelwert von M=22,40 aufwies (ANOVA, F=7,00, df=1, $p<.01$), ein Ergebnis, das bei den Europäern maßgeblich durch niedrige Werte bei den Südeuropäern (inklusive Türkei und Griechenland) und den Briten ausgelöst wurde!

Die Skala *Selbstverantwortlichkeit* (Empowerment), die die Unabhängigkeit und die Entscheidungsspielräume des einzelnen Wissenschaftlers im Hochschulbereich erfasst, erzielte in der Gesamtstichprobe einen Wert von M=21,00 (n=217; Dorman 1999a: M=20,96). Vergleiche der deutschsprachigen Forscher mit den Nordamerikanern bzw. der europäischen Forscher mit den internationalen Medienforschern verweisen auf signifikante Unterschiede in den Teilstichproben: Die deutschsprachigen Forscher und auch die Gruppe der Europäer insgesamt bewerteten ihr Empowerment durch die Universitäten statistisch signifikant positiver, als es die Nordamerikaner (n=162; M^D=21,7 zu M^{Amer}=20,6; ANOVA, F=7,33, df=1, $p<.01$) bzw. die Gruppe der internationalen Forscher (n=217; M^{Eur}=21,6 zu M^{Int}=20,5; ANOVA, F=6,43, df=1, $p<.05$) taten. Dabei wiesen die skandinavischen Länder (Schweden, Dänemark, Norwegen) unter den Europäern auf dieser Dimension die höchsten Werte auf. Im Rahmen der dreifaktoriellen Varianzanalysen (Gruppe X Beschäftigungsstatus X Sex) wies der Faktor Beschäftigungsstatus zusätzlich in der Teilstichprobe der deutschsprachigen und nordamerikanischen Medienforscher (n=162) sowie in der Gesamtstichprobe der europäischen plus internationalen Medienforscher (n=217) statistisch signifikante Differenzen zwischen den Professoren und den Nachwuchswissenschaftlern auf: Die Professoren bewerteten in der Teilstichprobe der deutschsprachigen und nordamerikanischen Forscher ihr Empowerment statistisch signifikant höher als die Nachwuchswissenschaftler (M^{Prof}=22,6 zu M^{Nach}=19,6; F=23,25, df=1, $p<.001$), ein Ergebnis, das sich auch für die Gesamtgruppe der Befragten bestätigte: Auch hier bewerteten die Professoren ihr Empowerment statistisch signifikant höher als die Nachwuchswissenschaftler (M^{Prof}=22,2 zu M^{Nach}=19,7; F=19,83, df=1, $p<.001$).

Fazit: Entscheidungsspielräume

Bezogen auf die *akademische Freiheit* und die *allgemeinen Entscheidungsspielräume* für in der Wissenschaft tätige Kommunikationswissenschaftler/innen lassen die Werte der Dresdener Befragung im deutschsprachigen Raum wie international auf eine insgesamt befriedigende Situation schließen. Die üblichen hierarchischen Strukturen abbildend, bewerteten die Professoren, auch die relativ junge deutschsprachige Professorenschaft, die Gesamtsituation etwas positiver als die Nachwuchswissenschaftler.

Zugehörigkeit, kollegiale Unterstützung und Leistungsdruck

Das soziale und leistungsbezogene Umfeld von Wissenschaftlern an Universitäten wird im ULEQ mithilfe der Skalen „Affiliation" und „Work Pressure" erfragt. Die Skala *Zugehörigkeit und Kollegiale Unterstützung* (Affiliation) erzielte mit einem Mittelwert von M=23,20 (n=219) den höchsten Mittelwert einer Dimension des ULEQ in der Dresdener Befragung (Dorman 1999a: M=23,21). Dreifaktorielle Varianzanalysen für die Gruppe der deutschsprachigen Forscher im Vergleich zu den Amerikanern und die Gesamtgruppe der Europäer im Vergleich zu den internationalen Forschern erbrachte nur wenige Ergebnisse: Für beide Stichproben erwies sich die Bewertung durch die Professoren (deutschsprachige und nordamerikanische Medienforscher: M^{Prof}=20,5; n=164; Gesamtstichprobe: M^{Prof}=23,2; n=219) als im Trend verschieden von der der Nachwuchswissenschaftler (d.h. verschieden auf dem 10% -Niveau; deutschsprachige und nordamerikanische Medienforscher: M^{Nach}=22,7; Gesamtstichprobe: M^{Nach}=22,4): Die Gruppe der deutschsprachigen und der nordamerikanischen Professoren ebenso wie die Gesamtgruppe der Professoren in der Befragung schätzte die Unterstützung durch die Kollegenschaft geringer ein als die Nachwuchswissenschaftler.

Der im ULEQ gemessene *Leistungsdruck* erwies sich mit einem Mittelwert von M=21,9 für die Gesamtgruppe der befragten Medienforscher als mittelhoch und erträglich (Dorman 1999a: M=24,59), doch zeigten sich in beiden Stichproben im Rahmen der dreifaktoriellen Varianzanalysen statistisch signifikante Differenzen für den Faktor Beschäftigungsstatus (Professoren zu Nachwuchswissenschaftlern): In der Teilstichprobe der deutschsprachigen und nordamerikanischen Medienforscher lag der Mittelwert für den Leistungsdruck bei M=21,7 (n=161). Die Professoren bewerteten ihn allerdings statistisch signifikant höher als die Nachwuchswissenschaftler (M^{Prof}=22,11 vs. M^{Nach}=21,2; ANOVA, F=5,20, df=1, p<.05). In der Gesamtstichprobe verhielt es sich ebenso: Die Professoren bewerteten den Leistungsdruck statistisch signifikant höher als die Nachwuchswissenschaftler (M^{Prof}=22,3 vs. M^{Nach}=21,4; n=218; ANOVA, F=4,23, df=1, p<.05). Erstmals ergaben sich darüber hinaus im Rahmen der Varianzanalysen auch statistisch signifikante Differenzen für den Faktor Sex: In beiden Stichproben erlebten die weiblichen Medienforscher den Leistungsdruck signifikant höher als die männlichen Medienforscher (Teilstichprobe der deutschsprachigen und nordamerikanischen Forscher: M^{w}=22,2 zu M^{m}=21,1; F=3,97, df=1, p<.05; Gesamtstichprobe: M^{w}=22,4 zu M^{m}=21,4; F=4,91, df=1, p<.05).

Fazit: Erste Distanzierungsprozesse

Die überdurchschnittlich hohen *Affiliation*-Bewertungen zeigen, dass sich im deutschsprachigen Raum, aber auch Europa- und weltweit die Mehrheit der befragten Kommunikationswissenschaftler ihrer Universität und dem Kollegium in positivem Sinne verbunden fühlen. Die deutlich niedrigeren Werte bei den deutschsprachigen Professoren, zusammen betrachtet mit den erhöhten Werten auf der Dimension *Leistungsdruck* signalisieren jedoch, dass die Expansionsphase der Medienfächer an den deutschsprachigen Universitäten bei einem Teil der Fachvertreter auch Distanzierungsprozessen Boden bereitet haben. Nicht unerwartet wurde der erfahrene Leistungsdruck von den weiblichen Medienforschern statistisch signifikant höher bewertet als von den männlichen Fachvertretern, - insgesamt also ein ganzes Bündel früher Signale für einen beginnenden Burnout.

Überzeugende Lehre: Ein voraussetzungsreiches Projekt

Eine Inspektion der Interkorrelationen der Skalen des ULEQ für die Gesamtgruppe der N=230 befragten Medienforscher kann wichtige Einblicke verschaffen, auf welche Aspekte der Universitätskultur künftig verstärkt geachtet werden muss bzw. wie sie mit den anderen Dimensionen zusammenhängen. Zunächst ein trotz vieler bildungspolitischer Aktivitäten zugunsten einer stärkeren Verknüpfung beider Dimensionen nicht unerwartetes Ergebnis: Wie bei Dorman (2000b) bestätigte sich auch in der Dresdener Stichprobe, dass die Dimensionen *Lehrorientierung* und *Forschungsorientierung* nicht miteinander interkorrelieren, d.h. nicht miteinander zusammenhängen. Dem entspricht auch das Ergebnis einer schrittweisen multiplen Regression mit der Dimension *Forschungsorientierung* als Kriterium und den übrigen sechs Skalen des ULEQ als Prädiktoren: Es war auf dieser Basis keine Vorhersage möglich. Im zweiten Fall, d.h. bei der *Lehrorientierung* , die aus den sechs anderen Skalen vorhergesagt werden sollte, wird jedoch ein Schuh daraus, wie die Regressionsergebnisse in Tabelle 2.3 zeigen:

Prädiktorvariablen	r	B	Beta	t	Signifikanz
Ziele-Konsens (Mission)	0,47	0,24	0,31	4,82	0,001
Akademische Freiheit	0,45	0,22	0,26	3,97	0,001
Selbstverantwortlichkeit (Empowerment)	0,38	0,13	0,18	2,84	0,01

Konstante = 5,53, R^2=0,33, korrigiertes R^2=*0,32*, R=0,58

Tabelle 2.3: Regressionsergebnisse

Im Falle der Dimension *Lehrorientierung*, eingesetzt als Kriterium im Rahmen einer schrittweisen multiplen Regression mit den übrigen sechs Skalen des ULEQ als Prädiktoren, ließ sich die Varianz durch die Dimensionen *Ziele-Konsens, Akademische Freiheit* und *Selbstverantwortlichkeit* zu 32% aufklären.

Prädiktor	R^2	R^2(adj.)	Beta F
Ziele-Konsens (Mission)	0,22	0,21	55,45
Akademische Freiheit	0,30	0,30	25,28
Selbstverantwortlichkeit	0,33	0,32	8,09

Tabelle 2.4: Zusammenfassung der Regressionsschritte.
Ziele-Konsens, Akademische Freiheit und Selbstverantwortlichkeit als Prädiktoren der Lehrorientierung

Gute Lehre: Wirklich erwünscht?

Insgesamt bilden der universitäre Ziele-Konsens und die beiden zentralen Freiheitsdimensionen wissenschaftlicher Tätigkeit (Akademische Freiheit, Selbstverantwortlichkeit) wichtige Voraussetzungen, so das Ergebnis der zweiten Regressionsanalyse, für eine überzeugende Lehrorientierung. Ist es um diese Bereiche schlecht oder nur befriedigend bestellt, kann man keine Wunder in Bezug auf die universitäre Lehre erwarten - eine Schlussfolgerung, die nicht nur für die Reformgeplagten deutschsprachigen Universitäten gilt, sondern weltweit. Die Forschungsorientierung der Universitäten hat hingegen in hohem Maße strukturelle Voraussetzungen, die mit den weiteren, in der Befragung erhobenen Charakteristika der Universitätskultur kaum oder gar nicht zusammenhängen. Das dokumentieren auch die Ergebnisse aus der Befragung der Dresdener Medienforscher.

Nachwuchsförderung und Karriere-Mentoring

Die Frage, wie die „Förderkultur" für den deutschsprachigen wissenschaftlichen Nachwuchs in der Kommunikationswissenschaft aussieht (Forschungsfrage II), muss auf verschiedenen Ebenen beantwortet werden. Erwartungsgemäß bildeten die in Dresden befragten Nachwuchswissenschaftler und Nachwuchswissenschaftlerinnen keine in sich homogene Gruppe. In der Wissenschaftsforschung am bekanntesten sind die Unterschiede in den Motivlagen von Doktoranden und Postdoktoranden: *Doktoranden* empfinden die Promotionsphase in der Regel als Zeit großer geistiger Freiheit, erleben aber auch intensiv die Nachteile ihrer Situation (Zweifel an den eigenen Fähigkeiten, Gefühle der Überforderung, fehlende Trennung zwischen Arbeit und Freizeit, finanzielle Unsicherheit; vgl. Appel & Dahlgren, 2003). Einen Teil dieser Probleme haben *Postdocs* und *Privatdozenten* bereits überwunden. In der anstrengenden zweiten Etappe zur Professur sind jedoch neue Hürden zu nehmen (z.B. zu hohe Lehr- und Prüfungsbelastung; eingeschränkte Unabhängigkeit in der Forschung; viel Wettbewerb).

Empirische Studien zu den Erfolgsvoraussetzungen von wissenschaftlichen Karrieren sind dünn gesät (vgl. auch Wissenschaftsrat, 2002, Drs. 5459/02). Einige sinnvoll generalisierbare Erkenntnisse aus überwiegend retrospektiver Forschung gibt es dennoch: Fragt man nach den *wichtigsten Markern* in der

Ausbildung für eine erfolgreiche Forscherlaufbahn, so sind dies Studienverlaufs- und Standort-Merkmale wie:

• Früher Studienabschluss in den Zwanzigern; frühe Forschung bereits auf dem BA-Level; starke Methodenorientierung in der Graduiertenausbildung; großes, gut beleumundetes Graduiertenprogramm; „educational intensity" im Sinne der inhaltlichen Schwerpunktsetzung auf anspruchsvolle Theorien und innovative Denkansätze (vgl. Mumford et al., 2005).

In Bezug auf eher Personen-gebundene Faktoren gilt:

• Ein frühes Engagement im eigenen Forschungsfeld („early domain engagement") ist zentral; hinzu kommen persönliche Voraussetzungen wie hohe Intelligenz und Leistungsbereitschaft, kognitive Flexibilität und die Befähigung zu intellektuellen Höchstleistungen. Ebenfalls wichtig sind soziale Faktoren wie ein unterstützender familiärer Kontext, das Überwiegen beruflicher Beziehungen, eine hohe Anzahl professioneller Kontakte, Unterstützung durch die Fachkollegen, intellektuelle Stimulation durch Kollegen aus fachnahen (!) Disziplinen („active intellectual exchange") sowie (auch bei Rivalität) ein Klima offener Kommunikation.

Sowohl gute Ressourcen wie auch gute Kollaboration können den wissenschaftlichen Erfolg befördern. Dabei gilt:

• Gute Ressourcen können den Bedarf an kollaborativem Austausch mindern. Ein stimulierender intellektueller Austausch kann bei fehlenden Ressourcen kompensativ wirken (Mumford, Connelly, Scott, Espejo, Sohl, Hunter & Bedell, 2005).

Die positiven Wirkungen von *Mentoring*, das vor allem in den drei großen Domänen *Jugendmentoring*, *Mentoring am Arbeitsplatz* und *wissenschaftliches Mentoring* erforscht wird, sind häufig nicht unmittelbar nachweisbar. Zum Teil liegt das daran, dass Mentoring-Aktivitäten sich mit den vorgenannten Markern für eine erfolgreiche wissenschaftliche Karriere überschneiden. Ob man in der Frühphase seiner Laufbahn einen Mentor/eine Mentorin hatte bzw. sich intensiv um eine solche geeignete Mentor-Persönlichkeit bemüht hat („early mentor availability"; auch die Bemühung darum ist wirksam; vgl. Bearman, Blake-Beard, Hunt & Crosby, 2007; Mumford et al., 2005), weist den stärksten Zusammenhang zu den vorgenannten Markern für eine erfolgreiche wissenschaftliche Karriere auf. In einer groß angelegten Studie von Kammeyer-Mueller und Judge (2008) wird jedoch deutlich: Es gibt auch erfolgreiche Forscher-Persönlichkeiten ohne Mentor! Mentoren wählen in der Regel Personen aus, von denen sie sich eine hohe Produktivität erwarten, die gut ausgebildet, motiviert, lernbereit und selbstbewusst sind. Von der Person des Mentée hängt es letztlich ab, ob Ratschläge und Angebote des Mentors/der Mentorin angenommen werden. *Instrumentelle Hilfe bzw. Karriere-Mentoring* korreliert positiv mit beruflichen Erfolgsfaktoren. Es wirkt sich vor allem auch auf die wissenschaftliche Produktivität aus. *Psychosoziales Mentoring* wirkt sich positiv auf die wahrgenommene Selbstwirksamkeit des Nachwuchswissenschaftlers/der Nachwuchswissenschaftlerin aus, korreliert jedoch nicht mit beruflichen Erfolgsfaktoren (Forehand, 2008; Kammeyer-Mueller & Judge, 2008).

Seine entscheidende Wirkung entfaltet gutes Mentoring offenbar auf dem Weg, nicht im Ziel. Anderson, Horn, Risbey, Ronning, De Vries und Martinson (2007) konnten zeigen, dass Mentoren vor allem als Rollenmodelle wirken. Starke Mentor-Forscher-Beziehungen vermitteln Botschaften, wie Forschung funktioniert. Das gilt auch für die Einhaltung forschungsethischer Regeln, die nach den Erkenntnissen der Autoren durch Mentoring besser gewährleistet wird, als durch spezielle Kurse zur Forschungsethik (vgl. Anderson et al., 2007). Anderson et al. befragten insgesamt N=3247 Wissenschaftler, die ein breites Spektrum von Fachdisziplinen abdeckten (Mediziner, Biologen, Ingenieure, Sozialwissenschaftler, etc.) und die zu Beginn bzw. auf der Mitte ihrer Universitätskarriere Forschungsmittel von den amerikanischen *National Institutes of Health* erhalten hatten, einem gängigen, sehr viel genutzten Drittmittelgeber in den USA. Der Wert ihrer Befragung lag u.a. darin, dass erstmals fächerübergreifend dokumentiert wurde, wie verbreitet Mentoring in der Wissenschaft überhaupt ist. Von den befragten Wissenschaftlern gaben 8% („early-career") bzw. 11% („midcareer") an, nie ein Mentoring im Sinne eines *instrumentellen Mentorings* erhalten zu haben. 27% bzw. 29% der Befragten gaben an, nie ein *soziales Mentoring* (im Sinne sozialer und emotionaler Unterstützung) erhalten zu haben. Speziell beim Ethik-Mentoring zeigte sich, dass im Durchschnitt 25% der befragten Anfänger und ein Drittel der befragten Midcareer-Wissenschaftler kein oder nur ein sehr lückenhaftes Mentoring erhalten hatten.

Zur Mentoring-Realität bei den Medienforschern

Die gegenwärtig praktizierte „Förderkultur" in der deutschsprachigen, europäischen und internationalen Kommunikationswissenschaft wurde in Dresden primär mittels Fragen zum Mentoring untersucht. Nimmt man die Zahlen aus Anderson et al. (2007) als erste Orientierung (instrumentelles Mentoring erhielten ca. 90% der Befragten; soziales Mentoring erhielten ca. 70% der Befragten), so liegen die Dresdner Medienforscher weit unter diesen Werten: *Nur 51,3% von ihnen gaben an, in ihrer beruflichen Laufbahn zu irgendeinem Zeitpunkt einen Mentor/eine Mentorin gehabt zu haben. Die übrigen Befragten, Professoren wie Nachwuchswissenschaftler, und damit 48,7% der Gesamtstichprobe, verneinten dies ausdrücklich!* Für die Vergleichsstichproben (deutschsprachige Wissenschaftler zu nordamerikanischen Wissenschaftlern; europäische Wissenschaftler zu internationalen Forschern) ergaben sich in dieser Frage keine statistisch signifikanten Differenzen. So gaben 56,5% der deutschsprachigen Kommunikations- und Medienforscher an, eine(n) Mentor/in gehabt zu haben bzw. zu haben, 43,5% gaben an, ihre akademische Laufbahn aus eigener Kraft zu bestreiten. Bei den Nordamerikanern gaben 51,8% an, eine(n) Mentor/in gehabt zu haben bzw. zu haben, 48,2% erklärten, ihre akademische Laufbahn aus eigener Kraft zu bestreiten. Die Differenz zwischen beiden Gruppen (deutschsprachigen und nordamerikanischen Medienforschern) ist statistisch nicht signifikant. Ebenfalls keine Differenzen ergaben sich bezüglich des Geschlechts (Gesamtstichprobe; Teilstichproben).

Dass über die Hälfte der befragten Dresdener Medienforscher angaben, *keinen Mentor bzw. keine Mentorin* gehabt zu haben, ist ungewöhnlich und bedurfte weiterer Interpretation. Einen ersten Hinweis gab ein Vergleich der Angaben der Statusgruppen. Hier zeigte sich im Chi^2-Test, dass es sich offenbar um eine Situation handelte, die sich verändert: Während 62,9%, d.h. zwei Drittel der befragten Professoren ihren Weg noch ohne Mentor gemacht hatten, waren es bei den Nachwuchswissenschaftlern nur noch 32,1%, also knapp ein Drittel von ihnen (Chi^2=21,44, df=1, p< .001; N=230). Die Ergebnisse aus der Gesamtstichprobe wiederholen sich in der Teilstichprobe: Bei den deutschsprachigen Kommunikationswissenschaftlern hatten 54,5% der Professoren keinen Mentor, während nur noch 29,3% der deutschsprachigen Nachwuchswissenschaftler angaben, keinen Mentor bzw. keine Mentorin (gehabt) zu haben (Chi^2=3,88,df=1, p< .05). Bei den Amerikanern fielen diese Zahlen deutlich ungünstiger aus, d.h. dort setzt sich offenbar die Tradition fehlender Mentoren in stärkerem Maße fort: 56% der in Dresden befragten nordamerikanischen Professoren gaben an, keinen Mentor gehabt zu haben; bei den Nachwuchswissenschaftlern waren es immerhin noch 37,1% der Befragten. Der Grund könnte in einer weiterhin hohen Anzahl von Quereinsteigern in das expandierende Fach in den USA liegen, während es im gut vernetzten deutschsprachigen Raum zu einer zügigen wissenschaftlichen Professionalisierung vor dem Hintergrund eines breiten Angebots qualifizierter Kandidaten/innen gekommen ist. Dennoch: Auch die Anzahl von knapp einem Drittel der Nachwuchswissenschaftler ohne Mentor/Mentorin im deutschsprachigen Raum sollte die Verantwortlichen kritisch stimmen.

Zur *Qualität bzw. Intensität des Mentoring*, sofern es stattfand, ließen sich mithilfe der Ergebnisse der Mentoring-*Kurzskala* (MMS; Cronbachs Alpha α=.88) weitere Aussagen machen (vgl. Rose, 1999). In der Gesamtgruppe der Befragten, die Erfahrungen mit Mentoring gemacht hatten (Europa - International; n=116), sowie in der Subgruppe der deutschsprachigen und nordamerikanischen Medienforscher (n=91) fiel die durchschnittliche Mentoring-Intensität mit in beiden Fällen M=39,5 Punkten (erreichbar: 9-45 Punkte) relativ hoch aus. Im Vergleich der deutschsprachigen Medienforscher zu den Nordamerikanern, gerechnet im Rahmen einer dreifaktoriellen Varianzanalyse mit den Faktoren Gruppe X Beschäftigungsstatus X Sex (abhängige Variable: Mentoring-Intensität), gaben die Nordamerikaner an, ein intensiveres Mentoring erhalten zu haben (M^{Amer}= 41,2 zu M^{D}=37,9); die Differenz ist statistisch signifikant (F=7,58, df=1, $p < .01$). Hinzu kommt eine statistisch signifikante Differenz für die Interaktion der Faktoren Gruppe X Sex, ausgelöst durch die deutlich abweichenden Werte für *die Gruppe der weiblichen Wissenschaftler bei den Nordamerikanern*: Sie werden von allen Gruppen am wenigsten intensiv betreut (M=36,7; F=4,11, df=1, $p<.05$). Diese Ergebnisse schlagen durch auf den Vergleich der Europäer zur internationalen Gruppe: Die internationalen Medienforschern gaben im Vergleich zu den Europäern an, ein intensiveres Mentoring erhalten zu haben (dreifaktorielle Varianzanalyse mit den Faktoren Gruppe X Beschäftigungsstatus X Sex; abhängige Variable: Mentoring-Intensität; M^{Int}-40,9 zu M^{Eur}=38,1; F=6,45; df=1, $p<.05$). Die weiblichen Medienforscher der internationalen Gruppe wurden am wenigsten intensiv betreut (M=38,7; signifikante Interaktion Gruppe X Sex, F=4,84, df=1, $p<.05$).

In Bezug auf die wünschenswerten Eigenschaften von Mentoren fließen erkennbar auch *kulturelle Faktoren* in die Bewertungen ein. Die Nordamerikaner bewerteten die folgenden Eigenschaften von Mentoren am höchsten: (1) das forschungsethisch einwandfreie Vorgehen einschließlich des Umgangs mit den Daten, (2) die Expertise/Erfahrung im Forschungsfeld und (3) die ausgeprägte intellektuelle Neugier des Mentors/der Mentorin. Bei den deutschsprachigen Forschern wurden folgende Eigenschaften am höchsten bewertet: (1) das forschungsethisch einwandfreie Vorgehen einschließlich des Umgangs mit den Daten, (2) die Expertise/Erfahrung im Forschungsfeld und (3) die Versicherung des Mentors/der Mentorin, dass man an die Befähigung des Mentée glaubt. Ein weiteres Teilergebnis: Das intensivste Mentoring in Europa praktizieren nach eigenen Angaben die skandinavischen Länder, die Briten und die Niederländer.

Fazit: Gutes Mentoring = vielerorts Mangelware
Insgesamt wird in der Kommunikationswissenschaft *weltweit* zu wenig Mentoring betrieben. Das gilt für Frauen und Männer in gleicher Weise! Die Situation bessert sich, vor allem in Europa, wie die Zahlen für die deutschsprachigen Nachwuchswissenschaftler/innen zeigen. Massive Defizite im Mentoring des wissenschaftlichen Nachwuchses indizieren die Werte bei den Nordamerikanern. Bei ihnen gibt es auch die einzige geschlechtsspezifische Differenz: Während weibliche Kommunikations-wissenschaftler in Nordamerika und international gleich häufig wie ihre männlichen Kollegen einen Mentor/eine Mentorin haben, fällt das bei ihnen tatsächlich praktizierte Mentoring jedoch weit weniger intensiv aus!

Optimismus auf der Karriereleiter

Wie optimistisch Professoren und Nachwuchswissenschaftler ihre Zukunft ein-schätzen, ist eine psychologische Einstellungsvariable, die bei der Verfolgung einer wissenschaftlichen Karriere eine wichtige Rolle spielt (Snyder, 2000). In der Dresdener Studie sollte darüber die *Hope Scale* Auskunft geben. Eine zu-nächst durchgeführte Faktorenanalyse (Hauptkomponentenanalyse, Varimax-Rotation) bestätigte die von Snyder angenommene zweifaktorielle Struktur der Skala. Die beiden Teilskalen (= zwei Hoffnungskomponenten) boten mit einem Chronbach's Alpha von jeweils $\alpha = .77$ eine hohe Messgenauigkeit. Für die Gruppe der Professoren und die Gruppe der Nachwuchswissenschaftler wurde in Bezug auf die Hoffnungskomponenten *Pathway Thoughts* (positive Einschät-zung der Güte der gewählten Strategien auf dem Weg zum Ziel) und *Agency Thoughts* (Optimismus bezogen auf den durch das eigene Handeln erzielbaren Handlungserfolg) ein Zusammenhang zwischen ihrer beruflichen Situation und den Skalenwerten auf den beiden allgemeinen Hoffnungsskalen erwartet. Auch das Vorhandensein eines Mentors/einer Mentorin wurde in die Analyse einbe-zogen. Insgesamt, so das Ergebnis, lagen die Mittelwerte beider Gruppen im Bereich der oberen 25% der Skalen, d.h. die befragten Kommunikations- und

Medienforscher schätzten ihre Zukunft durchaus optimistisch ein. Eine dreifaktorielle Varianzanalyse, getrennt gerechnet über die Skalen *Pathway Thoughts* und *Agency Thoughts* mit den Faktoren Gruppe X Beschäftigungsstatus X Mentor (ja/nein), förderte weitere Ergebnisse zutage: Die Nordamerikaner erzielten im Vergleich zu den deutschsprachigen Forschern auf beiden Skalen statistisch signifikant höhere Werte (Pathway Thoughts: $F=17{,}05$, $df=1$; $p<.001$; Agency Thoughts: $F=17{,}40$, $df=1$, $p<.001$). Dieses Ergebnis bestätigte sich auch beim Vergleich der Europäer mit den internationalen Forschern: Die internationalen Forscher erzielten im Vergleich zu den Europäern auf beiden Hoffnungsskalen statistisch signifikant höhere Werte (Pathway Thoughts: $F=17{,}85$, $df=1$; $p<.001$; Agency Thoughts: $F=20{,}94$, $df=1$, $p<.001$).

Bezogen auf den Faktor Mentor (ja/nein) gab es im Rahmen der dreifaktoriellen Varianzanalysen zwar teilweise nur Trendergebnisse (d.h. auf dem 10%-Niveau signifikant). Sie sollen hier dennoch mitgeteilt werden, weil sie mit den übrigen Ergebnissen konsistent sind: Auf der Skala *Agency Thoughts* schätzten die deutschsprachigen und nordamerikanischen Forscher, die in ihrer Laufbahn einen Mentor/eine Mentorin hatten, ihren künftigen Handlungserfolg im Trend höher ein als diejenigen, die ihren Weg ohne Mentor machten /gemacht haben (Agency Thoughts: $F=3{,}20$, $df=1$, $p=.07$). Eine Inspektion der Interaktionen zeigt, dass die Gruppe der Nachwuchswissenschaftler ohne Mentor deutlich niedrigere Werte auf der Agency Thoughts-Skala erreichte. Für die Gesamtstichprobe (europäische und internationale Medienforscher) fiel das Ergebnis statistisch signifikant aus ($F=5{,}72$, $df=1$, $p<.05$)! Auch hier zeigte eine Inspektion der Interaktionen, dass vor allem die Nachwuchswissenschaftler ohne Mentor ihren künftigen Handlungserfolg geringer einschätzten als alle übrigen Gruppen. Den wichtigen Zusammenhang zwischen *Mentoring* und *Agency Thoughts* bestätigend, wies die Mentoring-Intensitätsskala, die von allen Teilnehmern der Gesamtstichprobe ausgefüllt worden war, die einen Mentor/eine Mentorin hatten, einen hohen Zusammenhang zur Dimension Agency Thoughts auf ($r=.41$, $p=.000$).

Optimismus braucht Mentoren!
Generell erweisen sich also die Nordamerikaner und die internationalen Medienforscher als die größeren Karriere-Optimisten und verfügen damit über einen psychologischen Vorsprung, der sich auf den beruflichen Erfolg auswirken kann. Entscheidend ist jedoch: Die Hoffnung, mit den eigenen Aktionen erfolgreich zu werden, wächst mit dem Vorhandensein eines Mentors/einer Mentorin und einem qualitätsreichen intensiven Mentoring.

Klassische Leistungsindikatoren: Konferenzteilnahmen, Publikationen, Forschungsprojekte und Forschungsaufenthalte

Eine weitere Basis der Internationalisierungsanalyse bilden die Antworten auf Forschungsfrage III. Sie zielt auf den direkten, verhaltensbezogenen Vergleich von deutschsprachigen Kommunikations- und Medienforschern mit ihren amerikanischen Kollegen/innen. Daher wird im Folgenden primär auf die Ergebnisse zu diesen beiden Teilstichproben Bezug genommen. Vorausgeschickt sei hier, dass die Ergebnisse des Vergleichs zwischen Europäern und internationalen Wissenschaftlern weitgehend analog ausgefallen sind. Zusätzlich wird im Rahmen von Forschungsfrage III (wie auch in späteren Abschnitten) erstmals nachgefragt, wie die Arbeitsteilung im Internationalisierungsprozess aussieht und ob es frühe Anzeichen für eine (zu) rasche Elitisierung im Fach gibt.

Erhoben wurden, bezogen auf den Zeitraum der zurückliegenden 2-3 Jahre, die Forschungsaktivitäten der Dresdener Medienforscher in den klassischen Leistungsindikatoren wie Konferenz- und Kongressteilnahmen, Publikationen in nationalen und internationalen Organen bzw. Verlagen und die Kooperation in Forschungsprojekten auf nationaler, europäischer und internationaler Ebene. Aus diesen Leistungsindikatoren, die nachfolgend mit einigen Details referiert werden, wurden nachträglich per Faktorenanalyse zwei Skalen gebildet, die einen komprimierten Gruppenvergleich ermöglichen, wie zuvor berichtet. Als weitere Indikatoren für die Internationalisierung wurden die Besuche von Forschungseinrichtungen innerhalb und außerhalb Europas, ebenfalls bezogen auf die zurückliegenden 2-3 Jahre, erfasst.

Kooperation innerhalb und außerhalb Europas

Insgesamt 76,5% der befragten deutschsprachigen und nordamerikanischen Forscher gaben an, in den zurückliegenden 2-3 Jahren an Tagungen, Kongressen und Konferenzen *im eigenen Land* teilgenommen zu haben; 67,1% hatten zusätzlich an Veranstaltungen *im eigenen Land unter Beteiligung internationaler Gäste* teilgenommen, 51,2% nahmen darüber hinaus an *internationalen Veranstaltungen außerhalb Europas* teil. In allen drei Kategorien unterschieden sich beide Gruppen nicht. Einen statistisch signifikanten Unterschied wiesen die Antworten der Befragten - erwartungsgemäß - bei der Kategorie *internationaler Veranstaltungen auf europäischer Ebene* auf, an denen die europäischen Forscher häufiger teilgenommen hatten: 74,1% der deutschsprachigen Forscher im Vergleich zu 54,1% der Nordamerikaner hatten in den zurückliegenden 2-3

Jahren an solchen Veranstaltungen teilgenommen (Chi^2=7,39, df=1, n=170, p<.01).

Bezogen auf ihre Partizipation an *Forschungsprojekten auf nationaler Ebene* unterschieden sich die deutschsprachigen und nordamerikanischen Medienforscher nicht: 60% von ihnen gaben an, in den zurückliegenden 2-3 Jahren an solchen Projekten partizipiert zu haben. Die Frage nach *europäischen Forschungsprojekten* erzeugte erneut erwartbare Gruppendifferenzen zwischen den deutschsprachigen und den nordamerikanischen Forschern. Darüber hinaus legten die Ergebnisse offen, *dass solche Forschungsprojekte für die deutschsprachigen Forscher im Vergleich zu nationalen Projekten eine spezifische Klippe darstellen und trotz guter Beteiligung keine Selbstverständlichkeit sind*: 24,7%, d.h. immerhin ein Viertel der deutschsprachigen Forscher und 11,8% der Amerikaner (Chi^2=4,77, df=1, N=170, p<.05) kooperieren in der Forschung mit Partnern aus Europa. Dabei ist anzunehmen, dass die EU-Förderung einen wichtigen und wirksamen Ansporn für die deutschsprachigen Forscher darstellt, auf europäischer Ebene stärker zusammenzuarbeiten. International, d.h. in *Projekten außerhalb Europas*, waren die deutschsprachigen Forscher ebenfalls aktiv, und zwar ebenso stark wie ihre nordamerikanischen Kollegen/innen, d.h., jeweils 17,1% der Befragten beider Gruppen gaben an, in den zurückliegenden 2-3 Jahren an internationalen Forschungsprojekten mit Teams aus aller Welt teilgenommen zu haben.

Fazit: Europäische Kooperationen als Motor der Internationalisierung

Sowohl bei den Kongressteilnahmen wie bei der Teilnahme an Forschungsprojekten unterschieden sich die deutschsprachigen und die nordamerikanischen Medienforscher auf nationaler und internationaler Ebene nicht in ihren Partizipationsquoten! Die Kooperation mit Medienforschern auf *europäischer Ebene* (Kongressteilnahmen, Projekte) hat sich als neue „zusätzliche" Plattform für die deutschsprachigen Medienforscher etabliert. Zwar gibt es auch einen bemerkenswerten Anteil an Kooperationen in den genannten Bereichen zwischen nordamerikanischen und europäischen Medienforschern, doch wird dieser inzwischen übertroffen von Kooperationsbeziehungen der deutschsprachigen Forscher mit Kollegen/innen aus anderen europäischen Ländern. „Einbußen" auf internationaler Ebene zugunsten verstärkt auftretender europäischer Kooperationen waren nicht festzustellen.

Der Klassiker der Leistungsmessung: Publikationen

Ganz ähnlich stellt sich die Situation bei den *Publikationen* dar (6 Einzelfragen; vgl. Tabelle 2.5): Bei den *Veröffentlichungen in der Muttersprache* (2 Fragen), ob Zeitschriftenartikel oder Buchkapitel bzw. Bücher, unterschieden sich deutschsprachigen von den amerikanischen und die europäischen von den internationalen Medienforschern kaum. Die Amerikaner publizierten im eigenen Land häufiger in Mehrautorenschaft als im Vergleich dazu die deutschsprachigen Forscher. Erwartungsgemäß verschieden und nicht nur im Trend signifikant fiel der Vergleich zwischen beiden Gruppen für internationale Buch- und Aufsatzpublikationen als Autor/Autorin *gemeinsam mit weiteren europäischen Autoren* (z.B. im Rahmen eines Readers oder einer europäischen Fachzeitschrift; 2 Fragen) aus: 17,6% der deutschsprachigen Befragten im Vergleich zu 8,2% der Nordamerikaner gaben an, in den zurückliegenden 2-3 Jahren in dieser Form publiziert zu haben. Deutlicher und statistisch signifikant ist die Differenz im Falle der internationalen Publikationen mit europäischen *Ko*autoren: 27,1% der deutschsprachigen Forscher zu 9,4% der Amerikaner gaben an, in den zurückliegenden 2-3 Jahren in dieser Form publiziert zu haben (Chi^2=8,87 df=1, N=170, *p*<.01). Als unerwartetes Ergebnis erwies sich jedoch: Bei den *internationalen Publikationen mit internationaler Autorenschaft* (2 Fragen) fielen die Zahlen für die Nordamerikaner nur geringfügig höher aus! Die Differenzen sind bei der Einzelautorenschaft wie bei der Mehrautorenschaft im Vergleich zu den Zahlen der deutschsprachigen Autoren/innen statistisch nicht signifikant (vgl. Tabelle 2.5)!

	Deutsch-sprachige Gruppe [Europäer]	Amerika-nische Gruppe [Internat. Gruppe]	
National, als Einzelautoren in Form muttersprachlicher Publikationen	47,1% [46,6%]	45,9% [44,6%]	n.s. [n.s.]
National, in Mehrautorenschaft in Form muttersprachlicher Publikationen	45,9% [44,9%]	*49,4%* [48,2%]	10%-Niv. [n.s.]
International, als Einzelautoren in Publikationen mit vorwiegend europäischer Autorenschaft	17,6% [18,6%]	*8,2%* [9,8%]	10%-Niv. [10%-Niv.]
International, in Mehrautorenschaft in Publikationen mit vorwiegend europäischer Autorenschaft	*27,1%* *[21,1%]*	9,4% [12,5%]	sign. $Chi^2(1, n=170)=8,87; p<.01)$ [sign.; $Chi^2(1, N=230)=7,67; p<.01)$]
International, als Einzelautoren in Publikationen mit Autorenschaft aus aller Welt	14,1% [16,1%]	23,5% [24,1%]	n.s. [n.s.]
International, in Mehrautorenschaft in Publikationen mit Autorenschaft aus aller Welt	20,0% [20,3%]	18,8% [22,3%]	n.s. [n.s.]

Tabelle 2.5: Publikationsaktivitäten deutschsprachiger und amerikanischer Medienforscher (in Zeitschriften/Büchern; n= 170). In Klammern ergänzend: Publikationsaktivitäten der Europäer im Vergleich zu den internationalen Medienforschern (N=230)

Fazit: Auf der Langstrecke eingeholt ...

Je „internationaler" das Publikationsforum, desto geringer der Anteil der deutschsprachigen Kommunikationswissenschaftler, die hier aktiv wurden (vgl. Tabelle 2.5). Auf europäischer Ebene waren noch mehr als ein Viertel der befragten deutschsprachigen Forscher aktiv; auf internationaler Ebene fällt ihre Beteiligung bei der Einzelautorenschaft unter 20%. Mit Ausnahme der Ebene „Europa", die, wie es sich bereits bei den Kongress- und Konferenzteilnahmen und den Forschungs-kooperationen gezeigt hat, inzwischen offenbar eine *zusätzliche* Platt-form für die europäischen Forscher darstellt, unterschied sich das Muster der Publikationsaktivitäten der deutschsprachigen Medienfor-scher von dem der Nordamerikaner nur wenig. Das ist ein sehr bemer-kenswertes Ergebnis, berücksichtigt man, dass es bei den deutsch-sprachigen Forschern stets die Sprachbarriere zu überwinden gilt!

Gelungene Internationalisierung: Facetten der überraschend guten Bilanz

Vergleicht man die Ergebnisse der Dresdener Befragung mit anderen Studien zum Publikationsverhalten der Medienforscher aus den letzten Jahren, so har-monieren sie gut mit den Analysen und Schlussfolgerungen zur Einzel- versus Mehrautorenschaft bei Brosius und Haas (2009), die das Publikationsverhalten mehrheitlich deutschsprachiger Autoren/innen in den Zeitschriften „Publizistik" und „Medien & Kommunikationswissenschaft" untersuchten. Auch zu den Er-gebnissen der fast zeitgleich durchgeführten Studie von Stephen und Geel (2007), die auf der Basis der *ComAbstracts* das Publikationsverhalten nordame-rikanischer Autoren/innen analysierten, gibt es viele Parallelen.

Beide Forscherteams registrierten übereinstimmend eine deutliche Zunahme der Mehrautorenschaft zuungunsten der Einzelautorenschaft im Zeitschriftenbe-reich. Auch in den Daten aus Dresden (hier wurde allerdings nach Buch- *und* Zeitschriftenpublikationen gefragt!) spiegelt sich die wachsende Bedeutung der Mehrautorenschaft wider, insbesondere bei den internationalen Publikationen der deutschsprachigen Autoren/innen. Das ist deshalb bemerkenswert, weil die Mehrautorenschaft in den Sozialwissenschaften auch als zuverlässiger Indikator für einen Prozess verstärkter Empirisierung und Internationalisierung von Wissenschaften gilt (vgl. Fiedler, 2009). Bei den deutschsprachigen Medienforschern praktiziert die relativ kleine Workforce an Autoren, die regelmäßig in englischer Sprache publizieren, zunehmend häufig diese Form der „Arbeitsteilung" und des „Risikoausgleichs" bei solchen in der Regel weniger sicher platzierbaren Publikationsvorhaben.

In Bezug auf die Publikationen wurden die Dresdener Medienforscher auch gefragt, *wie viele* Publikationen (Artikel, Buchkapitel, Bücher) sie in den zurückliegenden 2-3 Jahren in englischer Sprache veröffentlicht haben. 70,6% der nordamerikanischen Befragten gaben an, in den zurückliegenden 2-3 Jahren in Englisch (d.h. in ihrer Muttersprache) publiziert zu haben, und zwar durchschnittlich 4,55 Publikationen. Immerhin 57,6% der deutschsprachigen Forscher gaben an, in den zurückliegenden 2-3 Jahren in englischer Sprache publiziert zu haben, wobei sie einen hohen Wert von im Durchschnitt 4,45 Publikationen erreichten! Die Differenz ist statistisch nicht signifikant. Auch umgerechnet auf die Gesamtgruppe der Befragten (n=170), d.h. unter Einbezug derjenigen, die angaben, in diesem Zeitraum keine Publikationen in englischer Sprache verfasst zu haben, bestätigt sich dieses Ergebnis: Die Gesamtgruppe der deutschsprachigen Forscher konnte auf durchschnittlich 2,56 Publikationen in englischer Sprache verweisen, während die Nordamerikaner auf durchschnittlich 3,21 Publikationen kamen, - eine im T-Test statistisch nicht signifikante Differenz!

Um die Unterschiede im Profil der nordamerikanischen und der deutschsprachigen Medienforscher stärker herauszuarbeiten, wurden alle Angaben zu Kongressteilnahmen, Forschungskooperationen und Publikationen zwecks Datenreduktion faktorenanalysiert (Hauptkomponentenanalyse mit anschließender Varimax-Rotation auf der Basis des Hamann-Koeffizienten; N=230; Varianzaufklärung: 48,3%). Es entstanden zwei Skalen, die zwei voneinander unabhängige Internationalitätsdimensionen wissenschaftlicher Arbeit repräsentieren, die Skala *Nationale Forschungsaktivitäten mit nationaler und internationaler Agenda* (zusammenfassend für Kongress- und Konferenzteilnahmen national und international, nationale Forschungsprojekte sowie Zeitschriften- und Buchpublikationen in der Muttersprache) und die Skala *Internationale Forschungs- und Publikationsprojekte*, die Forschungsaktivitäten mit internationalen Teams außerhalb des Herkunftslandes und internationale Publikationsaktivitäten (zumeist in englischer Sprache) erfasst.

Beide Skalen interkorrelieren mit r=.40 (Gesamtstichprobe, N=230; p<.001; deutschsprachige Medienforscher, r=.46, n=85; p<.001; nordamerikanische Medienforscher, r=.39, n=85, p<.001), was bedeutet, dass nationale Forschungs- und Publikationsaktivitäten mit internationalen Forschungs- und Publikationsaktivitäten dennoch zusammenhängen, d.h. dass diejenigen Forscher, die international „gut im Geschäft" sind, auch national in der Forschung aktiv sind, und

diejenigen, die international wenig aktiv sind, sich auch national weniger engagieren, - ein Ergebnis, das der Vorstellung eines arbeitsteiligen Vorgehens
(etwa: Spezialisten für das nationale Parkett; Spezialisten für das internationale
Parkett) widerspricht. Für den traditionellen Leistungsindikator „Publikationen"
allein (internationale versus deutschsprachige Publikationen) ergibt sich bei den
deutschsprachigen Medienforschern nur ein geringfügig unterschiedliches Re-
sultat: die Korrelation zwischen beiden Maßen beträgt r=.36 (n=85; p<.001).

Neben einer sich bereits in den bisher berichteten Analyseergebnissen der
Dresdener Befragung abzeichnenden, sehr gelungenen Internationalisierung sind
hier jedoch auch erste Anzeichen einer problematischen Elitisierung in der sich
mit hoher Innovationsrate entwickelnden deutschsprachigen Kommunikationswissenschaft festzustellen (vgl. Simonton, 2003a, 2003b, 2004): Dazu ein weiteres Ergebnis: Während bei den Nordamerikanern die auf der Skala *Internationale Forschungs- und Publikationsprojekte* über dem Mittelwert liegenden Medienforscher im Durchschnitt bereits 32% mehr wissenschaftliche Aktivitäten
(Kongressbesuche, Publikationen) auf nationaler Ebene entfalteten als ihre
Kollegen/innen unterhalb des Mittelwerts, entfalteten die deutschsprachigen
Forscher, die über dem Skalenmittelwert lagen, 45% mehr wissenschaftliche
Aktivitäten dieser Art auf nationaler Ebene als ihre unter dem Mittelwert liegenden deutschsprachigen Kollegen/innen! Das bedeutet: Was sich zuvor bereits für die beiden Internationalitätsdimensionen wissenschaftlicher Tätigkeit
und für den traditionellen Indikator „Publikationen" abzeichnete, gilt für die
große Gesamtheit wissenschaftlicher Tätigkeit: Die international erfolgreich
agierende Workforce deutschsprachiger Medienforscher erweist sich auch auf
nationaler Ebene als sehr aktiv.

Elitisierungsprozesse in der Wissenschaft wurden bisher ausschließlich auf
der Basis des Publikationsverhaltens beschrieben. So kritisierten Brosius und
Haas in ihrer Studie von 2009, dass 24% aller Autoren 50% der Beiträge in den
von ihnen analysierten deutschsprachigen Publikationsorganen veröffentlichten.
Solche Daten sind es, die Simonton (2003a) als entscheidendes Indiz für eine zu
rasche Elitisierung wertet. Im Bereich der Publikationen misst man sie daran,
dass mit dem Anwachsen der Zahl der Wissenschaftler im Fach proportional
immer weniger Wissenschaftler für 50% aller Beiträge zum Fach verantwortlich
zeichnen. Tatsächlich vollziehen sich solche Elitisierungsprozesse, das zeigt die
vorliegende Analyse, jedoch im *Gesamtfeld wissenschaftlicher Aktivitäten*. Im
Datensatz der Dresdner Befragung ließen sich Hinweise für eine solche Entwicklung im deutschsprachigen Raum mithilfe der beiden Aktivitätsskalen dokumentieren. Hier gilt es künftig genauer hinzuschauen: Eine starke Bündelung
von zentralen wissenschaftlichen Aufgaben, d.h. von nationalen und internationalen Projekten und Publikationen in den Händen weniger erfolgreicher For-

schungsteams oder -Verbünde stellt - auch mit Blick auf die vielen außerordentlichen Talente, die das Fach im Nachwuchsbereich angezogen hat - derzeit wohl kaum eine wünschenswerte Entwicklung für die deutschsprachige Kommunikationswissenschaft dar.

Dabei muss man berücksichtigen, dass solche Entwicklungen durch die international gültigen Evaluationsstandards in der Wissenschaft gefördert werden. Obwohl eine Bündelung wissenschaftlicher Aktivitäten in den Händen weniger wissenschaftlicher Teams problematisch werden könnte, präferieren die nationalen und internationalen Scientific Communities weiterhin „Vielpublizierer", d.h. sehr viel publizierende Forscher als Ausweis wissenschaftlicher Qualität. So werden beispielsweise amerikanische Promotionsprogramme in Bezug auf ihre Qualität auch weiterhin hauptsächlich anhand des Vorhandenseins bzw. der Anzahl viel publizierender Fakultätsmitglieder bewertet (vgl. Stephen & Geel, 2007). Wissenschaftsforscher im nordamerikanischen Raum werten die abnehmende Anzahl bzw. den Mangel an „Vielpublizierern" im Fach als Indiz für eine beunruhigende Entwicklung (vgl. Stephen & Geel, 2007).

Die *Deutsche Forschungsgemeinschaft* (DFG) hingegen hat „Rekordpublikationslisten" bei Forschungsanträgen kürzlich den Kampf angesagt und ihre Anzahl auf fünf Kernpublikationen (plus zwei thematisch einschlägige Publikationen je Förderjahr) pro Antrag begrenzt (vgl. www.dfg.de). Dabei beruft sie sich auf ähnliche Regularien der beiden wichtigsten Forschungsförderungsinstitutionen in den USA, bei der *National Science Foundation* und bei den *National Institutes of Health*. Wie lassen sich die unterschiedlichen Strategien erklären?

Tatsächlich ist die Ausgangslage in der Kommunikationswissenschaft in Nordamerika - das bestätigen auch die Daten aus der Dresdener Befragung - anders zu bewerten, als die Situation im deutschsprachigen Raum. In den USA ist in der Medienforschung eine Sondersituation entstanden: Stephen und Geel (2007) legen in ihrer kritischen Analyse von 2007 offen, dass englischsprachige Medienforscher zunehmend weniger publizieren, ausgelöst durch sinkende Publikationen in Einzelautorenschaft bei einer gleichbleibenden Rate von Publikationen in Mehrautorenschaft. Eine ansteigende Rate von Publikationen in Mehrautorenschaft ist im Laufe eines Wissenschaftlerlebens eigentlich normal; auch bei sehr erfolgreichen Autoren/innen werden wissenschaftliche Aufsätze mit steigendem Lebensalter im Team geschrieben (Brosius & Haas, 2009). Die Ergebnisse von Stephen und Geel (2007) sind daher sowohl in Bezug auf die Einzel- wie auf die Mehrautorenschaft für den nordamerikanischen Raum beunruhigend, da die Anzahl der Publikationen in Mehrautorenschaft nicht (kompensativ) angestiegen sind. Ihre Daten belegen vielmehr: Insgesamt 39%, d.h. mehr als ein Drittel der in der Studie von Stephen und Geel (2007) erfassten

Medienforscher, haben zum Fach nicht eine einzige Zeitschriftenpublikation beigetragen! Die Dresdener Befragungsergebnisse bestätigen die generell eher schwache Publikationsrate der Nordamerikaner, bedenkt man, dass sie jederzeit in der eigenen Muttersprache publizieren können und keine Sprachbarriere überwinden müssen.

Um abschließend festzustellen, wie die beiden zentralen Vergleichsgruppen, die deutschsprachigen und die nordamerikanischen Forscher, auf den die wissenschaftliche Forschungsaktivität insgesamt (Projekte, Tagungs- und Kongressaktivitäten, Forschungsaufenthalte, Publikationen) messenden beiden Skalen im Vergleich abschneiden, wurden erneut dreifaktorielle Varianzanalysen mit den Faktoren Gruppe X Beschäftigungsstatus X Sex gerechnet. Auf der Skala *Nationale Forschungsaktivitäten mit nationaler und internationaler Agenda* erzielten die deutschsprachigen Medienforscher im Vergleich zu den Amerikanern statistisch signifikant höhere Werte, d.h. die deutschsprachigen Forscher erwiesen sich auf nationaler Ebene als publizistisch und in der nationalen und internationalen wissenschaftlichen Kommunikation deutlich aktiver als die Amerikaner (ANOVA, n=170; F=5,26, df=1, $p<.05$). Dieses Ergebnis schlägt auch durch auf den Vergleich der Europäer mit den internationalen Forschern, wobei sich die Europäer als aktiver erwiesen (ANOVA, N=230; F=4,42, df=1, $p<.05$). Für die Teilstichprobe der Nordamerikaner und der deutschsprachigen Forscher wie für die Gesamtstichprobe aller Befragten fiel darüber hinaus der Faktor Beschäftigungsstatus statistisch signifikant aus: In beiden Fälle wiesen die Professoren (erwartungsgemäß) höhere Aktivitätswerte auf als die Nachwuchswissenschaftler (ANOVA, n=170; F=32,12, df=1, $p<.001$; ANOVA, n=230; F=31,27, df=1, $p<.001$). Auf nationaler Ebene am aktivsten unter den Europäern waren laut der Skala *Nationale Forschungsaktivitäten mit nationaler und internationaler Agenda* die Medienforscher aus den skandinavischen Ländern, dicht gefolgt von den Osteuropäern und den Niederländern.

In den dreifaktoriellen Varianzanalysen, gerechnet über die zweite Skala *Internationale Forschungs- und Publikationsprojekte*, wiederholten sich die zuvor berichteten Ergebnisse zur Skala *Nationale Forschungsaktivitäten mit nationaler und internationaler Agenda*. Die deutschsprachigen Medienforscher wiesen auch hier im Vergleich zu den Nordamerikanern statistisch signifikant höhere Werte auf, d.h. sie waren auf internationaler Ebene bei Forschungsprojekten und Publikationen in den zurückliegenden 2-3 Jahren statistisch signifikant aktiver als die nordamerikanischen Kollegen/innen (ANOVA, n=170; F=8,28, df=1, $p<.01$). Das gilt ebenso für den Vergleich der Europäer mit den internationalen Forschern, wobei sich die Europäer als signifikant aktiver erwiesen (ANOVA, N=230; F=7,06, df=1, $p<.01$). Auch im Faktor Beschäftigungsstatus fielen bei der Skala *Internationale Forschungs- und Publikationsprojekte* die Ergebnisse in der Teilstichprobe der Nordamerikaner und deutschsprachigen Forscher und ebenso für die Gesamtstichprobe aller Befragten statistisch signifikant aus: In beiden Fällen wiesen erwartungsgemäß die Professoren auch auf dieser Skala höhere Aktivitätswerte auf als die Nachwuchswissenschaftler (ANOVA, n=170; F=22,31, df=1, $p<.001$; ANOVA, N=230; F=24,86, df=1, $p<.001$).

Fazit: Die neue Stärke

In Bezug auf die klassischen Leistungsindikatoren wie Publikationen, Tagungsteilnahmen, Forschungsprojekte auf nationaler und internationaler Ebene etc. erweisen sich die Europäer und *insbesondere die deutschsprachigen Medienforscher als international konkurrenzfähig und auf der Basis der Dresdener Ergebnisse in allen Leistungsindikatoren als sehr stark.* Bemerkenswert ist dies insbesondere in Bezug auf die internationalen Forschungsaktivitäten und Publikationsprojekte, bei denen sie im Vergleich zu den Nordamerikanern deutlich höhere Aktivitätswerte erzielten. Die Internationalisierung der deutschsprachigen Kommunikationswissenschaft ist ohne Zweifel weit vorangeschritten! Ein Teil dieser positiven Entwicklung ist der aktivierenden Wirkung des europäischen Forschungsraums zuzuschreiben, der - das zeigen die Dresdener Daten - inzwischen eine neue, eigene Aktivitätsebene der deutschsprachigen Medienforschung darstellt.

Ein hoher Preis? Auf den Spuren problematischer Elitisierung

Ob es im Zuge von Internationalisierungs- und Europäisierungsprozessen in der deutschsprachigen Kommunikationswissenschaft zugleich zu einer wenig sinnvollen, zu raschen Elitisierung gekommen ist, lässt sich auf der Basis der Dresdener Daten nicht abschließend beurteilen. Über alle Aktivitätsfelder von wissenschaftlicher Forschung hinweg gibt es (z.T. schwache) Hinweise auf eine solche Entwicklung. Eine letzte Probe für diese Fragestellung bildeten die Angaben der Medienforscher zu nationalen, europäischen und internationalen Forschungsprojekten. Zur Erinnerung: Knapp ein Viertel der deutschsprachigen Medienforscher gaben in der Dresdener Befragung an, in den zurückliegenden 2-3 Jahren an Forschungsprojekten auf europäischer Ebene beteiligt gewesen zu sein. Bei Projekten auf internationaler Ebene lag der Anteil der Aktiven bei 20%. Darüber hinaus wurde erhoben, wie häufig die Befragten für zwei Wochen oder länger *Forschungseinrichtungen innerhalb Europas* (Frage 1) bzw. *Forschungseinrichtungen außerhalb Europas* (Frage 2) besucht und mit den dortigen Kollegen/innen zusammengearbeitet hatten. Die Frequenz der Besuche lag für die Gesamtgruppe aller Befragten (N=230) in *europäischen* Institutionen bei M=0,5 Besuchen in den zurückliegenden 2-3 Jahren, wobei 77,4% angaben, *keinerlei* Forschungsaufenthalte dieser Art absolviert zu haben. Für Aufenthalte in *internationalen* Institutionen lag die Frequenz mit M=0,33 Besuchen in den zurückliegenden 2-3 Jahren noch niedriger, wobei 81,1% der Gesamtstichprobe angaben, keinerlei Forschungsaufenthalte dieser Art absolviert zu haben.

In Bezug auf die „Beteiligungsquote" liegen die deutschsprachigen Medienforscher mit ihren Werten bei den Forschungsaufenthalten (europäische Institutionen: 14,1%; internationale Institutionen: 15,3%) ganz deutlich unter den Werten der Nordamerikaner (europäische Institutionen: 25,9%; internationale Institutionen: 18,8%) und denen der übrigen Europäer (europäische Institutionen: 33,0%; internationale Institutionen: 25,0%). Im Falle der Europäer (hier ohne deutschsprachige Forscher!) handelt es sich zwar um eine ausgewählte Vergleichsstichprobe (n=48; allesamt Teilnehmer/innen an einem internationalen Kongress). Dennoch: Insbesondere im Falle von *Forschungsaufenthalten innerhalb von Europa* ist die Differenz auffällig: 85,9% der deutschsprachigen Medienforscher hatten angegeben, in den zurückliegenden 2-3 Jahren *keine* Forschungsaufenthalte innerhalb Europas absolviert zu haben; bei den internationalen Forschungsaufenthalten lag der Anteil bei 84,7%. Im Vergleich dazu gaben lediglich 74,1% der Nordamerikaner an, in den zurückliegenden 2-3 Jahren keine Forschungsaufenthalte in Europa absolviert zu haben; bei den internationalen Forschungsaufenthalten lag der Anteil bei 81,2%.

Dieses negative Ergebnis mag dem derzeit starken Engagement der deutschsprachigen Forscher im Aus- und Aufbau der Medienstudiengänge geschuldet sein. Auch können neue Möglichkeiten der Medienkommunikation und eine nach europäischen Vorgaben gut strukturierte internationale Projektkoordination einen Teil solcher Aufenthalte überflüssig gemacht haben. Zugleich zeigt sich: Zwar ist hier nur eine kleine Workforce aktiv, doch diese nutzt die gegebenen Möglichkeiten innerhalb Europas deutlich intensiver als z.B. die nordamerikanischen Kollegen/innen. Bei den deutschsprachigen Medienforschern, die angegeben hatten, in *europäischen Institutionen* in den zurückliegenden 2-3 Jahren Forschungsaufenthalte als Gastwissenschaftler wahrgenommen zu haben, betrug deren durchschnittliche Häufigkeit nahezu drei Aufenthalte (M=2,75), während sie im Vergleich dazu bei den Amerikanern im Durchschnitt lediglich bei zwei Aufenthalten (M=2,05) lag. Auch im Falle der Forschungsaufenthalte *außerhalb Europas* konnten die deutschsprachigen Forscher mit M=1,69 Aufenthalten geringfügig mehr Aufenthalte nachweisen als die Nordamerikaner (M=1,50).

Erstmals finden sich in den Daten aber auch Hinweise auf eine „Arbeitsteilung" bei diesen finanziell und zeitlich aufwendigen internationalen Aktivitäten bei den deutschsprachigen Forschern wie bei den Nordamerikanern: Denn bei beiden Gruppen (bei den deutschsprachigen Forschern ebenso wie bei den Nordamerikanern) interkorrelieren jeweils die Werte für die Forschungsaufenthalte im europäischen Raum und die Werte für die Forschungsaufenthalte im außereuropäischen Raum *nicht*, d.h. wer Forschungsaufenthalte innerhalb Europas wahrnahm, hat nicht zusätzlich auch Forschungseinrichtungen im außereuropäischen Raum besucht und umgekehrt. Diese finanziell und zeitlich aufwendigen Aufenthalte finden also „arbeitsteilig" statt.

Insgesamt gilt jedoch: Nur einer kleinen, gut geförderten Elite der deutschsprachigen Medienforscher/innen gelingt es derzeit, relativ häufig im europäischen und außereuropäischen Ausland Forschungsaufenthalte in nennenswerter Anzahl und Intensität wahrzunehmen. Diese Gruppe agiert so erfolgreich, dass die Gefahr besteht, dass sie sich von der deutlich größeren Gruppe der wissenschaftlichen Talente, die diese Chancen derzeit nicht erhalten, endgültig entfernt.

Internationalisierungsbarriere „unfreiwillige Immobilität"
Der Anteil der deutschsprachigen Medienforscher/innen, die es sich laut Dresdener Befragung leisten konnten, Forschungsaufenthalte im internationalen Ausland (Europa; sonstige Länder) wahrzunehmen, ist im internationalen Vergleich und im Vergleich zu den Nordamerikanern zu gering und signalisiert Personal- und Finanzierungsprobleme. Strukturprobleme dieser Art können den sehr erfolgreichen Prozess der Internationalisierung ins Stocken bringen.

Kapitel 3:

Der Weg zu einer neuen europäischen Forschungsidentität - ein psychologisch-strategisches Paket

(A New European Research Identity Arising – Psychological and Strategical Perspectives)

Kapitel 3:

Der Weg zu einer neuen europäischen Forschungsidentität - ein psychologisch-strategisches Paket

(A New European Research Identity Arising – Psychological and Strategical Perspectives)

Zusammenfassung:
Auf der Basis einer Befragung von N=230 Medienforschern aus aller Welt wurde versucht, den Stand der Internationalisierung der deutschsprachigen Kommunikationswissenschaft und ihrer Integration in das neue Europa der Forschung zu bestimmen. Der zweite Teil der Dresdener Studie galt der Analyse der Einstellungen der Medienforscher zu Europa und zum europäischen Forschungsraum (ERA). Darüber hinaus wurde die Rolle psychologischer Faktoren wie Ortsbindung und Mobilitätsbereitschaft für eine Karriere in der internationalen Forschung kritisch hinterfragt. Dabei stand die Suche nach Hinweisen für die Entstehung einer neuen europäischen Forschungsidentität im Vordergrund. Eine positive Haltung zum neuen Forschungseuropa, das zeigen die statistischen Analysen, gründet primär auf dem klugen Management eigener Kognitionen und Bindungsgefühle und konkreten Erfahrungen mit projektbezogener europäischer Zusammenarbeit.

Schlüsselwörter: Europäische Forschungsidentität, Europäischer Forschungsraum (ERA), Medienforscher, Kommunikationswissenschaft, Mobilität, Ortsbindung, Dresdener Studie

Abstract:
N=230 media researchers from all over the world participated in a survey on the state of internationalization of communication research in the German-speaking countries. Main issues raised in the second part of the Dresden study were the media researchers' attitudes towards Europe and towards the European Research Area (ERA). Additionally, the evolving new (European) research identity was explored, and the critical role of place attachment and mobility for a successful career in international science was investigated. A regression analysis provides

evidence that an optimistic attitude towards the European Research Area is mainly based on (1) an intelligent management of personal cognitions and attachment feelings combined with (2) the practical experience in international and/or European cooperative research (including visits abroad!).

Keywords: European research identity, European Research Area (ERA), media researchers, communication science, place attachment, mobility, Dresden study

Einleitung

Ein zweiter Teil der Befragung der Medienforscher auf dem Dresdener Kongress galt Fragen zur *Ortsbindung*, zur *Citizenship* und zur *Mobilitätsbereitschaft* der Medienforscher (vgl. Forschungsfrage V in Kapitel 2). Wie der Wissenschaftsrat 2006 feststellte (WR Drs.7381-06), war die Mobilität der Universitätsprofessoren in der Bundesrepublik Deutschland bis Mitte der 90er Jahre - bedingt durch die Berufungspraxis an deutschen Universitäten - im internationalen Vergleich sehr hoch. Die veränderte Berufungspraxis im Zuge der Universitätsreformen (Ziel: Hausberufung als Standardfall) soll diesem Zwang zur Mobilität entgegen wirken. Im Fach Kommunikationswissenschaft konnte diese Zielsetzung bisher allerdings nur begrenzt umgesetzt werden, da sich das Fach im gesamten deutschsprachigen Raum im Aufbau befand und einschlägige Studiengänge an vielen Universitäten gänzlich neu gegründet wurden. Darüber hinaus zeigen sich die deutschen Universitäten unvermindert interessiert an Wissenschaftlern, die internationale Auslandserfahrung haben und eine hohe Mobilitätsbereitschaft zeigen.

Auch von der EU kommen komplexe Signale: Ihrer politischen Tradition folgend, fördert sie auch in Wissenschaft und Forschung in den Rahmenprogrammen gezielt regional und lokal angesiedelte Projekte. Denn mit identitätsstiftender Strukturförderung in den Regionen, so die Erfahrung der vergangenen Jahrzehnte, wird es möglich, ganz im Sinne eines „Europa der Regionen" nationalistische Haltungen abzuschwächen und ein Europa-freundliches, idealerweise stärker regionaleuropäisch geprägtes Bewusstsein zu stärken. Dabei kommt die EU dem Bedürfnis der Menschen entgegen, sich kulturell heimisch zu fühlen und erreicht zugleich, dass sich aus der „European Citizenship" relativ konfliktfrei, so die Hoffnung, eine neue *europäische Identität* bei Europas Bürgern entwickeln kann (Delgado-Moreira, 1997; Estel, 2002; Fuß, 2006; Hall, 1997; Herrmann, Risse & Brewer, 2004; Walkenhorst, 1999). Da Wissenschaft traditionell ein internationales Projekt ist, verlangt das 7. Rahmenprogramm der EU von den geförderten Wissenschaftlern in seiner Umsetzung zugleich eine hohe Mobilitäts- und Kooperationsbereitschaft und viel Flexibilität im Alltag. Das Gros der Projektvorhaben bündelt Forschergruppen aus europäischen und ausgewählten außereuropäischen Ländern und spiegelt inhaltlich spezifisch europäische Interessenlagen wider.

Die an der Befragung in Dresden beteiligten Wissenschaftler sind zu über 50% nicht nur potenzielle Antragsteller für die europäische Projektforschung. Sie sind zugleich auch europäische Bürger und denken und empfinden in unterschiedlichem Ausmaß als solche. Im Rahmen der Dresdener Befragung wurden zunächst *alle* Teilnehmer, d.h. europäische wie internationale Forscher gebeten einzuschätzen, zu welchem prozentualen Anteil ihre Forschung *Lösungen von lokaler bzw. regionaler Relevanz*, von *nationaler Relevanz* und von *internationaler Relevanz* erzeugt. In einem weiteren Schritt wurde aus unterschiedlicher Perspektive erfragt, wie sehr sie sich mit ihrer *Heimatstadt*, ihrer *Region*, ihrem *Heimatland* und mit *Europa* identifizieren (die letzte Frage wurde nur den Europäern gestellt!). Daraus entstanden die Skalen *Regionale Bindung* (Antworten zu Stadt und Region), *Nationale Bindung* und *Europäische Bindung*. Weiter wurde erfasst, wie sehr sich die Befragten als *Bürger ihres Heimatlandes* (National Citizenship), als *Bürger Europas* (European Citizenship) bzw. als *Weltbürger* empfinden. Zusätzlich wurde mittels einer neu entwickelten, testtheoretisch gut abgesicherten Skala (*Home-Skala*) die psychologische Bindung an das eigene Zuhause/die eigene Wohnung erfasst.

Ein weiterer Schwerpunkt der Befragung war die Erfassung von Einstellungen zu den neuen Möglichkeiten des europäischen Forschungsraums (European Research Area, ERA; vgl. Forschungsfrage IV und VI in Kapitel 2). Es wurde untersucht, inwieweit sich in der deutschsprachigen Kommunikationswissenschaft bereits die Entstehung einer neuen, spezifisch *europäischen Forschungsidentität* nachweisen lässt. In einem Fach, das vom wissenschaftlichen Personal her jung ist und sich im Ausbau befindet, besteht theoretisch die Chance, dass sich diese neue Identität schneller herausbildet. Soziale Identitäten wie die der europäischen Forschungsidentität sind, wenn sie salient sind, besonders dazu geeignet, eine gemeinsame Basis herzustellen und gemeinsames kollektives Handeln zu erzeugen (Tuner & Onorato, 1999; s. zu diesem Thema auch Eilders & Lichtenstein, 2010).

Der Fragenpool, der sich speziell auf den *europäischen Forschungsraum* bezog und der nur den Teilnehmern aus Europa präsentiert wurde, bestand aus 14 Einzelfragen, die sich mittels Faktorenanalyse auf drei Faktoren reduzieren ließen: Die Skala *Forschungseuropa der Chancen* erfasste positive Einstellungen zum neuen europäischen Forschungsraum, von dem man sich mehr

Visibilität, mehr Kooperationsmöglichkeiten, eine internationale Wissensent-
wicklung, mehr Toleranz in der Forschung und höhere Mobilität erwartet. Die
Skala *Traditionelle Internationalität* erfasste die traditionelle, vielen Wissenschaftlern selbstverständliche internationale Orientierung in der Forschung. Die
Skala *Identitäts- und Partizipationskrise* schließlich thematisierte ungeduldige
und kritische Haltungen zum europäischen Forschungsraum (wahrgenommenes
Demokratiedefizit; Forderung nach mehr Partizipation etc.).

Regionale, nationale und internationale Forschung

Den letzten Beitrag zum Profilvergleich zwischen den deutschsprachigen und
den nordamerikanischen Medienforschern stellte der Themenkomplex regionaler, nationaler und internationaler Forschung dar. Daraufhin befragt, zu welchen
Anteilen (summiert auf 100%) ihre Forschung Lösungen erzeugt, die von *loka-
ler/regionaler Bedeutung* sind, die von *nationaler Bedeutung* sind bzw. solche,
die *international bedeutsam* sind, unterschieden sich die Antworten der deutschsprachigen Forscher im Vergleich zu den amerikanischen Forschern erneut in
bemerkenswerter Weise. Tabelle 3.1 enthält die durchschnittlichen Prozentan-
gaben der deutschsprachigen Forscher und der Nordamerikaner, wobei zu beachten ist, dass die Differenz in Bezug auf die lokal/regional bedeutsame Forschung zwischen beiden Gruppen statistisch signifikant ist (t(151)= -2,30,
$p<.05$).
   Die Ergebnisse dieses Vergleichs sind überraschend: Wie aus den Werten in
Tabelle 3.1 abzulesen ist, sind die amerikanischen Medienforscher in deutlich
höherem Maße mit regional bedeutsamer Forschung befasst als ihre deutschsprachigen Kollegen/Kolleginnen. Umgekehrt verhält es sich bei den Zahlen für
die international bedeutsame Forschung: Davon produzieren die amerikanischen
Medienforscher nach eigenem Bekunden deutlich weniger als die deutschsprachigen Forscher, die mit 50% international bedeutsamer Forschung einen relativ
hohen Wert erzielen.
   Ist also die amerikanische Medienforschung „provinzieller“ als die deutschsprachige Medienforschung? Oder ist es so, dass die amerikanischen Medienforscher, die in vielen Bereichen führend sind, sich im Grunde selbst genügen
und daher an internationaler Forschung weniger interessiert sind? Oder spiegeln
sich in diesen unterschiedlichen Schwerpunkten nicht vielmehr Finanzierungs-
strukturen wider, zum Beispiel eine höhere Abhängigkeit von der die Medienforschung in den USA häufig finanzierenden, deutlich vielfältigeren (lokalen)
Medienindustrie? Eine zu einem erheblichen Anteil durch staatliche Drittmittel
geförderte europäische Forschung könnte den höheren Anteil an internationaler

Forschung bei den deutschsprachigen Medienforschern erklären. Verschiedene Interpretationen sind möglich.

	deutschsprachige Forscher	nordamerikanische Forscher
Probleme/Fragestellungen von lokaler /regionaler Relevanz?	*10,0 %*	18,0 %
... hat sie auf nationalem Level Bedeutung?	40,0 %	40,2 %
... hat sie auf internationalem Level Bedeutung?	50,0 %	*41,8 %*

Tabelle 3.1: Frage: „Grob geschätzt, zu welchem prozentualen Anteil liefert Ihre Forschung wissenschaftliche Lösungen für / ist bedeutsam für ... (summiert auf 100%) ...?" (n=151)

Fazit: Die internationale Forschungsagenda fest im Blick ...
Unbestritten ist: Beide Gruppen, deutschsprachige wie nordamerikanische Forscher erbringen zu einem erheblichen Anteil Forschungsleistungen, die allein auf nationaler Ebene von Bedeutung sind. Dieser Tatbestand könnte in den sich inhaltlich stark unterscheidenden, nationalen „Medienmenüs" begründet sein. Unabhängig davon kann und muss der hohe Anteil von 50% international bedeutsamer Forschung und die sich darin ausdrückende starke Orientierung an einer internationalen Forschungsagenda bei den deutschsprachigen Medienforschern als weiteres überzeugendes Indiz für die erfolgreiche Internationalisierung im Fach gewertet werden.

Einstellungen zum „Forschungseuropa der Chancen": Europa aus der Sicht der Medienforscher

Forschungsfrage IV (vgl. Kapitel 2) sollte klären, wie die deutschsprachigen Medienforscher das neue „Forschungseuropa der Chancen" wahrnehmen und welche Rolle Europa und die europäischen Forschungsprogramme für den Internationalisierungsprozess im Fach spielen. Sie sollte klären, ob es bereits Hinweise auf einen Einstellungswandel jenseits der bereits beschriebenen europäischen und internationalen Forschungsaktivitäten gibt. Die Entwicklung eines europäischen Forschungsraums, verbunden mit dem ehrgeizigen Ziel einer gemeinsamen *europäischen Forschungsidentität*, - Ziele, die die EU mit Unterstützung der nationalen Drittmittelgeber mittel- bis langfristig anstrebt - sind Projekte, die über eine verstärkte internationale Ausrichtung von Forschung deutlich hinausgehen. Worin könnte also der Nutzen der Herausbildung einer solchen neuen Forschungsidentität liegen?

Zur Beantwortung dieser Frage lohnt es sich, zuvor einen Blick auf die psychologische Forschung zum Thema Identitätsentwicklung zu werfen: Vor dem Hintergrund psychologischer Theorien bezeichnet die *persönliche Identität* das Individuum als einzigartige Person und individuell verschieden von Menschen, die der gemeinsamen Ingroup angehören. Formen der *sozialen Identität* beziehen sich hingegen auf das soziale kategoriale Selbst im Sinne des *Wir* gegen *Die*, der Ingroup versus der Outgroup (z.B. Frauen, Männer, Deutsche, Amerikaner etc.). Sind sie salient, können soziale Identitäten eine gemeinsame Basis bilden und kollektives Handeln erzeugen. Ob eine soziale Kategorie jedoch in einer bestimmten, gewünschten Form zur Selbstdefinition verwendet wird, ist davon abhängig, wie sehr sich das Individuum (d.h. der einzelne Wissenschaftler) mit der Gruppe identifiziert, d.h., *wie stark diese Kategorie als zentral, wertvoll und involvierend erlebt wird.* Die Annahme einer neuen sozialen Identität - hier der europäischen Forschungsidentität - durch einzelne Medienforscher/Medienforscherinnen müsste sich über einen aktiven Bewertungsprozess vollziehen, der auf der Interaktion von Motiven, Erwartungen, Wissen und Realität beruht (Mischel & Morf, 2003; Tuner & Onorato, 1999). Solche Bewertungsprozesse, sofern sie bereits stattgefunden haben, hinterlassen Spuren, die in den Daten der Dresdener Befragung aufscheinen müssten.

Wie es um die *europäische Forschungsidentität* der Medienforscher bestellt ist, wurde mittels einer Reihe neu entwickelter Einstellungsfragen zum Forschungsraum Europa ermittelt (vgl. Tabelle 3.2). In einem weiteren Schritt wurde versucht, über die regionale, nationale und europäische Bindung hinaus auch die Bindung an das eigene Zuhause (Ortsbindung) zu erfassen. Eine Ge-

samtschau all dieser Einflussfaktoren bildete die Basis, um dem Prozess der Herausbildung einer europäischen Forschungsidentität auf die Spur zu kommen. Die Fragen zur *European Research Area* (vgl. Tabelle 3.2), die nur die europäischen Teilnehmer/innen an der Dresdener Befragung beantwortet haben, wurden faktorenanalysiert und führten zu einer dreifaktoriellen Lösung (Hauptkomponentenanalyse, Varimax-Rotation; n=114) mit den drei Skalen *Forschungseuropa der Chancen, Traditionelle Internationalität* sowie *Identitäts- und Partizipationskrise.*
Die inhaltliche Bedeutung der Skalen erschließt sich durch die einzelnen Fragen (vgl. Tabelle 3.2): Die *Chancen-Skala* enthält positive Einstellungen zum europäischen Forschungsraum, d.h. optimistische Aussagen zum neuen Forschungsmarkt, zum Nutzen persönlicher Mobilität, zur Chance auf neue innovative Erkenntnisse, - all dies allerdings vor dem Erwartungshintergrund demokratischer und toleranter Strukturen. Die zweite Skala, die *Internationalitätsskala,* beschreibt Wissenschaft als traditionell internationales Projekt, das Mobilität, Ehrgeiz und Idealismus verlangt, aber auch eine heimatliche Bindung impliziert. Die *Krisen-Skala* schließlich erfasst Kritik am Demokratiedefizit in der europäischen Forschung, Besorgnis über die Entwurzelung der Wissenschaftler und Zweifel an einer gemeinsamen europäischen Forschungsidentität.

Tabelle 3.2: Items der ERA-Befragung (n=114)

Forschungseuropa der Chancen
(1) Der europäische Einigungsprozess hat neue globale Forschungsmärkte eröffnet.
(7) Wissenschaftliche Arbeit war schon immer in gewissem Ausmaß örtlich ungebunden.
(8) Der globale Forschungsmarkt ermutigt dazu, die eigene Heimat freiwillig zu verlassen.
(13) Die Entstehung eines Europäischen Forschungsraums wird auf lange Sicht zu mehr Toleranz in Bezug auf die kulturelle, nationale und ethnische Vielfalt in der Wissenschaft führen.
(14) Es ist wichtig, dass eine eigene europäische Forschungsidentität auf demokratische Weise entsteht.
(15) Wir nähern uns einer ganz neuen Form multinationaler Produktion von Wissen.
(17) Die Bildung eines europäischen Forschungsraums macht die zentralen, Länder-übergreifenden Forschungsgemeinschaften visibler.

Fortsetzung Tabelle 3.2

Traditionelle Internationalität
(6) Der Ländergrenzen überschreitende Kommunikationsfluss durch die neuen Kommunikationstechnologien erleichtert es den Wissenschaftlern, sich in fremden Ländern daheim zu fühlen.
(11) So wie sich die europäische Forschung derzeit entwickelt, wird die Solidarität der Wissenschaftler mit ihrer Heimatregion gestärkt.
(12) Die Welt der Wissenschaft ist seit jeher ein internationales Projekt.
(16) Es sind nicht die ökonomischen Anreize, die zu einem „brain drain" europäischer Wissenschaftler führen, d.h. zum Verlassen ihres Landes in Richtung USA, Kanada etc.

Identitäts- und Partizipationskrise
(3) Die europäische Wissenschaft ist durch ein Demokratiedefizit in Bezug auf wichtige Entscheidungen gekennzeichnet.
(4) Viele Wissenschaftler leben physisch an einem Ort und emotional an einem anderen.
(5) Derzeit existiert so etwas wie eine „europäische Forschungsidentität" gar nicht!
(10) In der europäischen Forschungspolitik gibt es aktuell ein Abstimmungsdefizit.

Dreifaktorielle Varianzanalysen mit den Faktoren Geschlecht, Beschäftigungsstatus (Professor/Nachwuchswissenschaftler) und Mentor (ja/nein) bei der Skala *Forschungseuropa der Chancen,* jeweils gerechnet für die (1) Gesamtgruppe der Europäer, (2) für die deutschsprachigen Forscher allein und (3) für die nicht-deutschsprachigen europäischen Forscher allein, gaben keinen Hinweis auf signifikante Gruppenunterschiede. Lediglich im Trend (auf dem 10%-Niveau signifikant) nahm die Gruppe der deutschsprachigen Wissenschaftler*innen* das Europa der Chancen etwas weniger positiv wahr als ihre männlichen Kollegen. Ein Mittelwert von 24,5 Punkten (erreichbar: 7-35 Punkte; n=114) lässt für die Gesamtgruppe der Befragten auf eine eher verhalten optimistische Grundhaltung schließen.

Tabelle 3.3: Ergebnisse der Faktorenanalyse für die dreifaktorielle ERA-Lösung

Item	Forschungseuropa der Chancen	Traditionelle Internationalität	Identitäts- und Partizipationskrise
1	.59		
7	.49		
8	.61		
13	.78		
14	.73		
15	.78		
17	.54		
6		.82	
11		.43	
12		.64	
16		.69	
3			.70
4			.60
5			.53
10			.68

Erläuterung: Faktorladungen unter .30 wurden in der Darstellung nicht berücksichtigt; drei Items wurden wegen schlechter Itemkennwerte von der Analyse ausgeschlossen (Items 2, 9 und 18). Durch die geringe Itemanzahl bei der zweiten und dritten Skala (für weitere Studien müsste die Skalenlänge angepasst werden!) ist ihre Reliabilität relativ niedrig (Cronbachs Alpha: $\alpha=.78, .55, .50$).

Die mit der Skala *Traditionelle Internationalität* durchgeführten dreifaktoriellen Varianzanalysen (ANOVA, Sex X Beschäftigungsstatus X Mentor), ebenfalls gerechnet für die (1) Gesamtgruppe der Europäer, (2) für die deutschsprachigen Forscher allein und (3) für die nicht-deutschsprachigen europäischen Forscher, legten hingegen einige Gruppen-bezogene Auffassungsunterschiede offen. Für die Gesamtgruppe aller Europäer (n=106) galt: Die traditionelle Internationalität war bei den Professoren statistisch signifikant stärker verankert als bei den Nachwuchswissenschaftlern (ANOVA Sex X Status X Mentor; $F=4,17$, $df=1$, $p<.05$). Bei den deutschsprachigen Wissenschaftlern trat diese

Differenz hingegen nicht auf: Beide Gruppen, die deutschsprachigen Professoren ebenso wie die deutschsprachigen Nachwuchswissenschaftler, pflegten deutlich seltener traditionelle Vorstellungen von wissenschaftlicher Internationalität als im Vergleich dazu die übrigen Europäer [t(df=104)=-1,98; p=.05)].

Im Falle der Skala *Identitäts- und Partizipationskrise* vermitteln die Ergebnisse der dreifaktoriellen Varianzanalysen weitere Einblicke in die Denkweise der deutschsprachigen Forscher: Die dreifaktorielle Varianzanalyse für die Gruppe der deutschsprachigen Forscher (n=71) zeigt für den Faktor Beschäftigungsstatus und für den Faktor Mentor statistisch signifikante Differenzen an: Die Gruppe der deutschsprachigen Professoren erzielte statistisch signifikant höhere Werte auf der Kritik-Skala als die Gruppe der Nachwuchswissenschaftler (F=7,05; df=1, p<.05). Ebenso wiesen diejenigen Kommunikationswissenschaftler, die von einem Mentor/einer Mentorin betreut wurden, im Gegensatz zu ihren Mitstreitern ohne Mentor auf dieser Skala statistisch signifikant höhere Werte auf (F=8,73; df=1, p<.005).

Zu den Forschungsskalen *Nationale Forschungsaktivitäten mit nationaler und internationaler Agenda* und *Internationale Forschungs- und Publikationsprojekte* wiesen die drei Einstellungsskalen zum Europa der Forschung lediglich in einem Fall einen Zusammenhang auf: Eine signifikante mittlere Korrelation gab es für die Skala *Nationale Forschungsaktivitäten mit nationaler und internationaler Agenda* zur Europaskala *Identitäts- und Partizipationskrise*.

Fazit: Verhaltener Optimismus

Insgesamt sind, nimmt man die Dresdener Daten zur Grundlage, bei den deutschsprachigen Medienforschern gute Voraussetzungen dafür gegeben, dass die durch den Europäischen Forschungsraum entstehenden Chancen zügig aufgegriffen werden. Das zeigte sich bereits in den Analysen zu den klassischen Leistungsindikatoren. Die europäischen Medienforscher nehmen heute eine verhalten optimistische Grundeinstellung in Bezug auf das neue Forschungseuropa ein. Während bei den Professoren aus den übrigen europäischen Nationen Konzepte traditioneller Internationalität weiterhin Gültigkeit hatten, waren sie bei den Professoren und Mitarbeitern im deutschsprachigen Raum deutlich schwächer vertreten, *wodurch eine günstige Ausgangslage für die Herausbildung einer neuen europäischen Forschungsidentität entstanden ist.* Kein Zweifel: Die deutschsprachigen Forscher haben Europa fest im Blick, allerdings vor dem Hintergrund europakritischer Haltungen. Diese sind nicht nur bei den Professoren weit verbreitet, sondern werden offenbar über das Mentoring auch dem wissenschaftlichen Nachwuchs vermittelt. Die Korrelation von Identitäts- und Partizipationskrise-Einstellungen mit derjenigen Skala, die Forschungsaktivitäten misst, die sich an der internationalen Agenda orientieren, jedoch auf nationaler Ebene verbleiben, stützt die Vermutung, *dass bei einem erheblichen Teil der Befragten die Europakritik aus der Unmöglichkeit erwächst, zur internationalen Forschung erfolgreich aufzuschließen, anstatt sie nur zu rezipieren.*

Überall und nirgendwo daheim? Citizenship, Ortsbindung und Mobilität

Vieles, was auf europäischer Ebene als Bestandteil der forschungspolitischen Agenda formuliert wird, rekurriert auf allgemeine europapolitische Überlegungen zur nationalen und europäischen Identität (vgl. Estel, 2002; Gibson, 2003; Herrmann, Risse & Brewer, 2004; Walkenhorst, 1999). In die Dresdener Befragung wurden auch einige Standardfragen zu dieser Thematik integriert (vgl. Forschungsfrage V, Kapitel 2). Unter anderem wurde gefragt, wie sehr sich die Teilnehmer als *Bürger ihres Heimatlandes* (National Citizenship), als *Bürger Europas* (European Citizenship) bzw. als *Weltbürger* empfanden. Auch wurde gefragt, wie stark sich die Teilnehmer mit ihrer *Heimatstadt*, ihrer *Region*, ihrem *Heimatland* und schließlich mit *Europa* identifizieren.

In einer typischen Citizenship-Studie kamen Jamieson und Kollegen auf der Basis einer repräsentativen Befragung von 18-24jährigen Europäern im Jahr 2005 zu dem Ergebnis, dass 50% der Befragten durchaus intensive Gefühle für Europa hegen. Am stärksten identifizierten sie sich mit ihrer Heimatstadt, gefolgt von der Region, in der sie lebten, gefolgt von ihrem Heimatland, gefolgt von Europa (Europäische Bindung < Nationale Bindung < Bindung an die Region < Bindung an die Heimatstadt). Regelmäßige Eurobarometer-Befragungen, erhoben auf der Basis repräsentativer Bevölkerungsstichproben aus den einzelnen Ländern der europäischen Union, weisen in die gleiche Richtung: Rund 50% der Befragten konnten sich in den Jahren 2006/2007 gut mit Europa identifizieren. Am häufigsten identifizierten sie sich jedoch mit ihrer Heimatregion/Stadt (über 90%), fast gleichauf gefolgt von der Identifikation mit dem Heimatland (vgl. Eurobarometer 68).

Um die Bindung an die Heimatstadt, die Heimatregion, die eigene Nation und an Europa zu erfassen, wurden die Dresdener Befragten mit einer aus Gründen der statistischen Reliabilität erhöhten Anzahl solcher Einstellungsfragen konfrontiert. Die anschließende Faktorenanalyse (Hauptkomponentenanalyse, Varimax-Rotation; nur Europäer, n=118) führte zu einer dreifaktoriellen Lösung mit den Faktoren *Regionale Bindung* (Antworten zu Stadt und Region), *Nationale Bindung* und *Europäische Bindung*. Ungleich dem Einstellungsmuster der jungen Europäer bei Jamieson et al. (2005), deren Lebensraum alters- und erfahrungsbedingt im Nahbereich differenzierter strukturiert ist, unterschieden sich die Bewertungen für Stadt und Region bei den Dresdener Medienforschern nicht und fügten sich zu einem Faktor zusammen. Damit glichen ihre Ergebnisse eher der auf einer repräsentativen Stichprobe von Erwachsenen beruhenden Ergebnissen der Eurobarometer-Befragung. Die drei aus der Analyse resultierenden neuen Skalen „Regionale Bindung" (hier: (Heimatstadt & Region), „Nationale Bindung" und „Europäische Bindung" sind sehr homogen (Cronbachs Alpha zwischen $.80 < \alpha < .87$). Alle Fragen mit Ausnahme der Europafragen wurden auch von den internationalen Teilnehmern der Tagung beantwortet; das gilt auch für die Zusatzfrage, wie sehr sich die Teilnehmer/innen als *Weltbürger* empfinden. Eine starke regionale Bindung, das zeigt die psychologische Mobilitätsforschung, kann als Indiz für geringe oder fehlende Mobilität gewertet werden.

In Bezug auf die Bindungsstärke erwies sich die *Nationale Bindung* in der Gesamtgruppe der Dresdener Medienforscher als stärker ausgeprägt als die Regionale Bindung (Regionale Bindung < Nationale Bindung; N=230). Auch bei der Teilstichprobe der Europäer rangierte die Nation an erster Stelle, den zweiten Platz belegte Europa, den dritten Platz belegten Stadt & Region (*Regionale Bindung* < *Europäische Bindung* < *Nationale Bindung*; n=118). Die auf internationalem Parkett erfahrenen und mobilen Wissenschaftler im mittleren Lebensalter weisen also ein deutlich anderes Bindungsmuster auf, als die von Jamieson et al. (2005) befragten jungen Europäer, sind aber auch mit den Eurobarometer-Ergebnissen repräsentativer Bevölkerungsstichproben nicht vergleichbar, die eine sehr starke Bindung an die Heimatregion/Stadt reflektierten.

Für die Gruppe der deutschsprachigen und der nordamerikanischen Medienforscher (n=164) ergaben sich auf den Skalen Regionale Bindung und Nationale Bindung im T-Test keine statistisch signifikanten Differenzen (vgl. Eurobarometer 68). Insgesamt unterschied sich das Bindungsmuster zwischen beiden Forschergruppen jedoch schon allein aufgrund der bei den Nordamerikanern fehlenden Frage zur Europäischen Bindung. Konkret sah es so aus: Bei den Nordamerikanern belegte die Bindung an die Nation den ersten Rang und die Regionale Bindung den zweiten Rang. Bei den deutschsprachigen Medienforschern ergab sich ein eher zur Gesamtgruppe der Europäer ähnliches Muster: Die Regionale Bindung rangierte auf dem dritten Platz, die Nationale Bindung und die Europäische Bindung lagen jedoch - Deutschland-typisch - gleichauf (*Regionale Bindung* < *Europäische Bindung* = *Nationale Bindung*; n=83)!

Klare Unterschiede gab es hingegen bei der Beantwortung der Frage „Wie sehr empfinden Sie sich als Weltbürger?". Hier zeigte sich zwischen den Nordamerikanern und den deutschsprachigen Medienforschern eine signifikante Differenz [M^D=2,68, M^{Amer}=3,72; t (df=168)= -5,56, p<.001]: Die deutschsprachigen Forscher erlebten sich deutlich *seltener* als Weltbürger. Innerhalb Europas ergaben sich keine signifikanten Differenzen in Bezug auf diese Frage, was durch die z.T. geringen Gruppengrößen bedingt sein kann. Die europäischen Medienforscher insgesamt (im Vergleich zu den internationalen Kollegen/innen) identifizierten sich jedoch auch signifikant geringer mit der Kategorie „Weltbürger" als die Gruppe der internationalen Forscher.

Fazit: Gut für Europa!

Zusammenfassend lässt sich feststellen: Insbesondere die deutschsprachigen Medienforscher, aber auch die Gruppe der Europäer insgesamt identifizieren sich mit Europa und weisen ein Bindungsmuster auf, bei dem die Bindung an die Region nur noch eine untergeordnete Rolle spielt und nationale und europäische Zugehörigkeitsgefühle nahe beieinander liegen.

Ortsbindung und Mobilität

Um der für die internationale Forschung wichtigen Mobilitätsbereitschaft weiter auf die Spur zu kommen, wurden in der Dresdener Befragung Daten zur Ortsbindung erhoben, die trotz Querschnittdesign und Ein-Punkt-Befragung eine aussagekräftige Momentaufnahme ermöglichen sollten (vgl. Forschungsfrage V, Kapitel 2). Über die *Ortsbindung* (engl. place attachment) und die Psychologie der (berufsbedingten) Mobilität gibt es eine umfassende psychologische Literatur (vgl. Fuhrer & Kaiser, 1992; Gustafson, 2009; Kaiser, 1993; Oswald, Wahl et al., 2006; Richter, 2004; Scannel & Gifford, 2010). Die Ortsbindung wird psychologisch als Erweiterung der Person mittels Orten gedeutet (vgl. Fuhrer & Kaiser, 1992). Es ist ein mehrdimensionales Konzept (vgl. Oswald, Wahl et al., 2006; Scannell & Gifford, 2010), das sich auf die Bedeutung von Orten bezieht, - gegenwärtig, bezogen auf den individuellen Lebenslauf und bezogen darauf, wie die Menschen sich durch diese Orte selbst verstehen (vgl. Peace, Wahl, Mollenkopf & Oswald, 2007). Das unmittelbare Zuhause (die Mikroumwelt) und der Lebensraum der Person (die Makroumwelt) verfügen über emotionale Regulationseigenschaften, die die Mobilität der Person beeinflussen (Cloutier-Fisher & Harvey, 2009; Kaiser, 1993). Wer gut wohnt und sich in seinem Zuhause geborgen fühlt, ist oft weniger mobil. Mobiles Leben ist gekennzeichnet durch häufigen Ortswechsel, Leben in Episoden, Unterbrechung sozialer Bindungen sowie Belastungen von Partnerschaft und Familie. Mobile Menschen sind meist gut qualifiziert und verdienen gut. Psychologisch gesehen verfügen sie in der Regel über viele Ressourcen. Häufig sind sie jung und ohne familiären Anhang. Je älter Menschen werden, desto mehr sinkt die Bereitschaft zur Mobilität.

Hohe Mobilität und starke Ortsbindung bilden jedoch nicht zwangsläufig psychologische Gegensätze. Die Mobilität kann mit der Ortsbindung eine Koexistenz eingehen und die Ortsbindung sogar verstärken, wie die Studie von Gustafson (2009) zeigt, der verschiedene Formen der Mobilität (vom täglichen Commuting zwischen Zuhause und Arbeitsplatz bis zur Migration) in Bezug setzte zu verschiedenen Graden der örtlichen Verbundenheit (lokal, regional, national, europäisch). Er konnte zeigen, dass die Bindung an Stadt und Region bei Menschen, die täglich mehr als eine Stunde zur Arbeit fahren, deutlich abgesenkt ist. Das Absolvieren vieler Reisen im eigenen Land hingegen stärkt die Verbundenheit zur Nation; regelmäßiges Reisen im Inland und im europäischen Ausland stärkt die Verbundenheit zu Europa. Frauen sind deutlich stärker lokal und regional gebunden als Männer. Ab dem mittleren Lebensalter steigt diese Verbundenheit bei Männern wie bei Frauen signifikant an. Wer viel umzieht, -

ebenfalls ein Kernergebnis der Studie von Gustafson (2009) - dessen lokale, regionale und nationale Bindung nimmt stark ab. Studien aus jüngster Zeit analysieren die Wirkung des Mediengebrauchs, in seiner psychologischen Bedeutung für die Ortsbindung. Prozessstudien mit jungen Menschen, die an Studienorten fern von ihren Familien wohnten, zeigen eindrucksvoll, wie die Beunruhigung über den Ortsverlust sich innerhalb weniger Monate in einer Erosion des Gefühls, dazu zu gehören, manifestieren kann. Sie zeigen, wie es zu einer Erosion von Bindung und Kontinuität kommt und das eigentliche Zuhause sukzessive die Fähigkeit verliert, die Person bzw. das Selbst zu symbolisieren (Chow, 2008). Um ihre territoriale Bindung zu erhalten, nutzen Studierende, aber auch Migranten heute häufig das Internet, um so im persönlichen Wohnumfeld in der Lage zu sein, sich in der Fremde heimisch zu fühlen. So konnte Kang (2009) zeigen, dass die Onlinenutzung live (z.B. in London parallel zu China) geeignet ist, territoriale Bindungen an die Heimat eine Zeitlang zu verstärken (Kang, 2009).

Die Bindung an das unmittelbare Zuhause hat also eine doppelte Bedeutung: Sie kann mit der Bindung an die Region verknüpft sein und ein Mobilitätshindernis darstellen, sie kann aber auch eine relativ unverbundene Einheit bilden, die unabhängig vom Makroraum Heimatgefühle vermittelt. Im Mikroraum der eigenen Wohnung entwickelt das Individuum ein Gefühl für Identität; die Wohnung ist der primäre Ort emotionaler Regulation. Interpersonelle Kommunikation und ausgewählte Mediennutzung können das Zuhause kulturell „anreichern" und so die Identität der Person stabilisieren. Indem so auch eine territoriale Bindung an eine in ferner Realität befindlichen Welt verstärkt werden kann, erweist sich die Wohnung bzw. das unmittelbare Wohnumfeld als in besonderer Weise „flexibel" und „mobil" (Chow, 2008; Kang, 2009). Erfolgreiche Wissenschaftler, die viel daheim arbeiten und überwiegend berufliche Beziehungen pflegen, schätzen diese besondere Eigenschaft häuslicher Umwelten, die man sich auch so einrichten kann, dass sie nicht systematisch mit dem weiteren Lebensumfeld verbunden sind. Zusätzlich zur Erfassung der Bindung an die Region, die Nation und an Europa wurde mittels 10 Einzelfragen, die später zu einer Skala zusammengefasst werden sollten, die Bindung an das *private Zuhause*, d.h. an das persönliche Wohnumfeld erhoben. Nachdem die Skala um die Items 3 und 6 bereinigt worden war, die wegen zu geringer Trennschärfe entfernt werden mussten, ergab sich eine sehr homogene, gut messende *Home-Skala* (einfaktoriell, Varianzaufklärung: 44,6%; Cronbachs Alpha α=.81) zur Feststellung der Bindung an die eigene Wohnung und an das häusliche Umfeld. Um dem Einstellungsspektrum in diesem Bereich gerecht zu werden, wurden in der weiteren Datenauswertung auch einzelne Fragen aus der Home-Skala ausgewertet.

Vierfaktorielle Varianzanalysen mit den Faktoren Gruppe X Beschäftigungsstatus X Mentor X Sex für die Gesamtgruppe der Befragten und die Teilgruppe der deutschsprachigen und nordamerikanischen Medienforscher zeigen,
dass sich die in Dresden befragten Medienforscher in Bezug auf ihre Einstellungen zum Zuhause nicht unterschieden. Alle Gruppen wiesen einen Mittelwert
von 29 Punkten auf, d.h. einen Wert knapp unter dem oberen Drittel der Home-
Skala (Skalenbreite: 8-40 Punkte). Im Zuge der Inspektion der Interkorrelationen mit den zuvor erläuterten Verhaltens-, Einstellungs- und Bindungsmaßen
bestätigte sich, dass die Bindung an die Wohnung/das private Zuhause eine
eigene Qualität hat, wie zuvor beschrieben. Erwartungsgemäß gab es eine signifikante mittlere Interkorrelation mit der Skala *Regionale Bindung* (r=.33,
p<.001, n=218) und einen etwas schwächeren Zusammenhang zur Skala *Nationale Bindung* (r=.25, p<.001, n=218). Zur *Weltbürgerschaft* („global citizen")
und zur *Europäischen Bindung* bestand hingegen kein Zusammenhang. Zur
Mehrzahl der Einstellungsmaße des ULEQ und zu den erhobenen Verhaltens-
maßen zu nationalen und internationalen Projekt- und Publikationsaktivitäten
ergaben sich ebenfalls keine Zusammenhänge. Die Bindung an das private Zuhause erwies sich somit bei den Kommunikationswissenschaftlern als nicht sehr
ausgeprägt, aber systematisch mit regionalen und nationalen Bindungen verbunden. Die Einstellungen zum Arbeitsort Universität spielten dabei keine Rolle.

Da der Optimismus in Bezug auf ein Forschungseuropa der Chancen bei
den Befragten noch relativ verhalten ist, wurde abschließend versucht, per mul-
tipler schrittweiser Regressionsanalyse festzustellen, welche der in dieser Studie
erfassten Verhaltens- und Einstellungsmerkmale im Sinne von Prädiktoren mit
einer positiven Europa-Einstellung (Kriteriumsvariable) so stark verbunden
sind, dass auf ihrer Basis eine Vorhersage der Kriteriumsvariable selbst möglich
wird. So kann man herausfinden, welche Einstellungen und Umstände der positiven Einstellung zum Forschungseuropa dienlich sind und gefördert werden
sollten. Indem vor allem die motivationalen Kräfte einem kritischen statistischen Test unterworfen werden, so die Überlegung, lässt sich die per Quer-
schnittbefragung erzeugte Analyse vertiefen (vgl. Forschungsfrage IV, Kapitel
2).

Eine Inspektion der Interkorrelationen verwies auf signifikante Zusammenhänge der Skala *Forschungseuropa der Chancen* zu den beiden Hoffnungsskalen *Pathway Thoughts* und *Agency Thoughts*, zur Skala *Zugehörigkeit und kollegiale Unterstützung* des ULEQ, zu den Einzelskalen Castle 1 („Viele Dinge,
die ich tue, tue ich gerne zuhause") und Castle 8 („Mit meinem Zuhause fühle
ich mich stark verbunden") der *Home*-Skala, zur Weltbürgerschaft (Global
Citizen-Skala; Citizen3) und zu einer Subskala der Skala *Internationale For-
schungs- und Publikationsprojekte*, nämlich der die Forschungsaufenthalte im

europäischen Ausland erfassenden Skala *Visite* („Wie häufig haben Sie in den letzten 2-3 Jahren Kollegen in einer Universität/einer Forschungseinrichtung/einem Unternehmen im europäischen Ausland besucht und mit ihnen mehr als zwei Wochen zusammengearbeitet?"). Als relevant erwiesen sich im Rahmen der Regressionsanalyse jedoch nur drei Variablen, wie die nachfolgenden Tabellen 3.4 und 3.5 zeigen:

Prädiktorvariablen	r	B	Beta	t	Signifikanz
Pathway Thoughts	0,45	0,76	0,45	5,29	0,0001
Castle 1	0,26	1,06	0,25	2,88	0,005
Visite	0,17	0,70	0,20	2,34	0,05

Konstante=3,61, R^2=0,30, korrigiertes R^2=0,28, R=0,55

Tabelle 3.4: Regressionsergebnisse

Prädiktor	R^2	R^2(adj.)	Beta F
Pathway Thoughts	0,20	0,19	24,52
Castle 1	0,06	0,25	7,93
Visite	0,04	0,28	5,47

Tabelle 3.5: Zusammenfassung der Regressionsschritte: *Pathway Thoughts, Castle 1* und *Visite* als Prädiktoren von *Forschungseuropa der Chancen*

Fazit: Optimismus in Bezug auf das neue Forschungseuropa - ein strategisches Paket

Im Ergebnis zeigte sich, dass die Prädiktoren *Pathway Thoughts*, *Castle 1* und *Visite* immerhin 28% der Varianz der Skala *Forschungseuropa der Chancen* aufklärten. Weder die Variablen des sozialen beruflichen Umfelds, noch die berufliche Förderung, noch die wissenschaftlichen Aktivitäten (Kongressbesuche, Publikationen, Forschungsprojekte), noch verschiedene Formen der Heimat- und Europaverbundenheit bestimmen also die (eher verhalten ausgeprägte) Bereitschaft, sich dem europäischen Forschungsraum mit Optimismus und Aufgeschlossenheit zuzuwenden. Bei den befragten europäischen Wissenschaftlern erwies sich vielmehr die positive Einschätzung der eigenen Problemlösefähigkeit (Persönlichkeit), die positive Haltung zum (mobilen) eigenen Zuhause als primärem Ort emotionaler Regulation (Umwelt), sowie die konkrete Projektarbeit mit Wissenschaftlern im europäischen Ausland (Verhalten) als prädiktiv. In der europäischen Kommunikationswissenschaft wird die optimistische Haltung zum neuen Forschungseuropa also primär beeinflusst durch ein positives Management der eigenen Kognitionen und Bindungsgefühle und die konkrete Erfahrung projektbezogener europäischer Zusammenarbeit.

Die jungen Medienforscher zwischen Optimismus und Burnout

Abschließend soll die Frage geklärt werden, wie der Grad der Internationalisierung der deutschsprachigen Kommunikationswissenschaft insgesamt zu bewerten ist (s. Forschungsfrage VI; Kapitel 2) und wo derzeit Stärken und Schwächen liegen.

Die junge deutschsprachige Wissenschaftlergemeinschaft der Medienforscher steht den Universitäten, an denen sie tätig sind, nicht unkritisch gegenüber. Weltweit wird die Forschungsorientierung im Fach an den Universitäten als unterdurchschnittlich eingeschätzt. Zugleich wird aus den Dresdener Daten deutlich, dass es sich hierbei um ein singuläres Merkmal handelt, das in hohem Maße an strukturelle Voraussetzungen gebunden ist und daher mit weiteren

Merkmalen der Universitätskultur kaum in Zusammenhang steht. Die Lehrorientierung der Universitäten wird noch ungünstiger eingeschätzt, - die jungen deutschsprachigen Professoren und Mitarbeiter sind sich in diesem Punkt völlig einig. Ein hoher Ziele-Konsens (Mission), hohe Werte in Bezug auf die Akademische Freiheit und die Selbstverantwortung sind entscheidende Voraussetzungen für eine überzeugende Lehrorientierung. Daran ist künftig zu arbeiten.

Während die Freiheitsdimensionen wissenschaftlicher Tätigkeit durch die Dresdener Befragten an deutschsprachigen Universitäten als zufriedenstellend realisiert bewertet wurden, weist die Dimension Ziele-Konsens weltweit und insbesondere im deutschsprachigen Raum niedrige Werte auf, die signalisieren, dass es den Universitätsleitungen nicht gelungen ist, die mit dem schnellen Ausbau der Medienstudiengänge verbundenen Zielkonflikte einvernehmlich mit dem wissenschaftlichen Personal zu regeln. Auch niedrige Werte der deutschsprachigen Medienforscher in Bezug auf die Verbundenheit mit der eigenen Universität (Affiliation) und ein im Vergleich deutlich höher bewerteter Leistungsdruck im deutschsprachigen Raum (nochmals verstärkt bei den Frauen) verweist auf Arbeitsbedingungen, bei denen die Gefahr eines Ausbrennens besteht.

Nahezu die Hälfte aller in Dresden befragten Kommunikationswissenschaftler - in der Gruppe der deutschsprachigen Medienforscher sogar fast 55% - hatte angegeben, in der eigenen wissenschaftlichen Laufbahn nicht durch einen Mentor/eine Mentorin gefördert worden zu sein. Während bei den Nordamerikanern dieser Wert beim wissenschaftlichen Nachwuchs noch bei fast 40% liegt, wurde das Problem im deutschsprachigen Raum offenbar erkannt und behandelt, u.a. durch „multiple mentoring"-Ansätze und spezielle Programme für weibliche Medienforscher (De Janasz & Sullivan, 2004; Neverla & Lüthje, 2007). Knapp 30% - immer noch eine hohe Zahl! - der Nachwuchswissenschaftler im deutschsprachigen Raum gaben an, keinen Mentor/keine Mentorin zu haben. Auch im Vergleich zu anderen Sozialwissenschaften ist das Ausmaß fehlenden Mentorings im Fach als sehr bedenklich einzuschätzen. Um so mehr, als aus den Dresdener Daten auch hervorging, dass das Vorhandensein eines Mentors/einer Mentorin beruflich mit einer optimistischen Einschätzung des eigenen Handlungserfolgs einhergeht.

Diesen psychologischen Vorsprung konnten vor allem die Nordamerikaner für sich verbuchen, die deutlich optimistischer eingestellt waren als die europäischen und deutschsprachigen Medienforscher. Zwar unterscheiden sich die Amerikaner und die deutschsprachigen Medienforscher nicht in Bezug auf die Quote derer, die in ihrer wissenschaftlichen Laufbahn Mentoring erfahren haben. Bei den Nachwuchswissenschaftlern in den USA ist die Quote der Medienforscher ohne Mentor/Mentorin sogar deutlich höher. Jedoch gibt es Hinweise darauf, dass das Mentoring in Nordamerika anders praktiziert wird und die jungen Wissenschaftler andere Erwartungen damit verbinden. Bei der Nennung der wichtigsten Eigenschaften guter Mentoren unterscheiden sich die Nachwuchswissenschaftler beider Gruppen in einem zentralen Aspekt: Während die nordamerikanischen Medienforscher an ihrem Mentor/ihrer Mentorin die ausgeprägte intellektuelle Neugier schätzen, ist es bei den deutschsprachigen Medienforschern der Glaube an die Befähigung des Mentée, der für die Nachwuchswissenschaftler von großer Bedeutung ist! Wer das nordamerikanische Universitätssystem kennt, weiß, dass kaum eine Publikation erscheint, die nicht zumindest von 3-4 Kollegen/innen zuvor intensiv gelesen und kommentiert worden ist. Entsprechende Danksagungen finden sich in der Regel in den Fußnoten auf der ersten Seite. Vieles weist darauf hin, dass in den USA in informeller, selbstverständlicher Weise Formen kollegialer Unterstützung praktiziert werden, die man in Europa u.U. als Maßnahmen im Rahmen von „multiple mentoring" einordnen würde. Die amerikanischen Mentées verfügen so von Anbeginn ihrer Karriere über eine größere Unabhängigkeit, ohne an Sicherheit zu verlieren, die durch kollegiale Beratung entsteht.

Im deutschsprachigen Raum hingegen ist Mentoring trotz der Einführung von Juniorprofessuren und weiteren, gestuften Professuren (in Analogie zum amerikanischen System des Assistent, Associative und Full Professor) immer noch vielerorts mit dem Modell „Professoren plus Assistenten" verbunden. Wer keinen Mentor/keine Mentorin hat, dem fehlt die Person, die an ihn/sie glaubt. Man schätzt die Chancen auf eine Karriere in der Forschung daher als geringer ein, fühlt sich (vermutlich zu Recht!) weniger unterstützt und ist weniger optimistisch eingestellt. Die Vorteile, die andere Nachwuchswissenschaftler durch die Kooperation mit im Fach angesehenen Mentoren genießen, erscheinen uneinholbar.

Hier sollte bei den deutschsprachigen Nachwuchswissenschaftlern im Medienbereich ein Umdenken in Richtung auf größere Selbständigkeit stattfinden, denn immerhin hatte auch in der Generation der deutschsprachigen Medienprofessoren mehr als die Hälfte nach eigenen Angaben selbst keinen Mentor/keine Mentorin! Zudem ist Mentoring, wie es derzeit noch im deutschsprachigen Raum praktiziert wird, nicht grundsätzlich hilfreich. So tradieren Mentoren beispielsweise auch forschungsethisch defizitäre Konzepte, die sich auf ganze Forschungsnetzwerke ausweiten, bevor sie, häufig erst mit erheblicher Verzögerung, seitens der Wissenschaftlergemeinschaft kritisch hinterfragt werden. Neben den generell als positiv einzuschätzenden (und derzeit offenbar noch unverzichtbaren) Wirkungen vor allem des instrumentellen Mentorings können, so zeigen die konkreten Ergebnisse der Dresdener Befragung, Mentoren mit

Blick auf die Internationalisierung auch hemmend wirken, etwa durch die Weitergabe kritischer Einstellungen gegenüber dem europäischen Forschungsraum.

In Bezug auf die klassischen Leistungsindikatoren wie Kongressbesuche, Forschungsprojekte und Forschungsaufenthalte auf nationaler und internationaler Ebene können die deutschsprachigen Medienforscher mit den Nordamerikanern inzwischen gut mithalten, wie Partizipationsraten von nahezu 25% auf europäischer Ebene und von 20% auf internationaler Ebene belegen. Europa, so zeigen die Dresdner Daten, stellt für die deutschsprachigen Forscher inzwischen in vieler Hinsicht eine zusätzliche Aktivitätsebene dar, die sie systematisch wahrnehmen. Im Bereich der internationalen Publikationen erstaunt, wie gut die deutschsprachigen Medienforscher mit den Nordamerikanern mithalten können. Auch hier bilden die europäischen Publikationen eine eigene, zusätzliche Aktivitätsebene. Die vergleichende Analyse der Aktivitätswerte beider Gruppen auf den Forschungsskalen *Nationale Forschungsaktivitäten mit nationaler und internationaler Agenda* und *Internationale Forschungs- und Publikationsprojekte* zeigt, dass die deutschsprachigen Medienforscher im Vergleich zu den Nordamerikanern in Bezug auf nationale und internationale Forschungsprojekte und Publikationen deutlich aktiver sind, was zum Teil auch der aktivierenden Wirkung europäischer Forschungsprogramme geschuldet ist.

Wie sich bei einem breiten Spektrum von Leistungsindikatoren gezeigt hat, dominieren international aktive Medienforscher häufig auch national das Fach, - ein Tatbestand, der als frühes Indiz für eine zu starke Elitisierung in der deutschsprachigen Kommunikationswissenschaft gewertet werden kann. „Arbeitsteilige" Strukturen sind lediglich im Bereich der Forschungsaufenthalte im Ausland festzustellen. Hier ergab sich keine Korrelation zwischen den Indizes für europäische und außereuropäische Forschungsaufenthalte. Vor allem im europäischen Raum nutzt eine auch im Vergleich zu den übrigen Europäern und den Nordamerikanern erstaunlich kleine Teilgruppe der deutschsprachigen Medienforscher die Möglichkeit zu solchen Forschungsaufenthalten, und zwar häufig und intensiv. Insgesamt ist ein eindeutig zu geringer Anteil der qualifizierten deutschsprachigen Medienforscher in solche Projekte involviert - ein Tatbestand, der die erfolgreiche Verankerung im europäischen Forschungsraum und die Herausbildung einer europäischen Forschungsidentität in der Kommunikationswissenschaft behindert.

Dabei verfügen die deutschsprachigen Medienforscher über sehr günstige Voraussetzungen für eine schnelle Entwicklung europäischer Kooperationsprojekte und die Entstehung einer europäischen Forschungsidentität: Denn die junge deutschsprachige Workforce erweist sich als deutlich weniger in Konzepten traditioneller Internationalität von Forschung verhaftet als die übrigen Europäer. Insgesamt lässt sich die Haltung der europäischen Medienforscher

gegenüber dem neuen Forschungs-Europa als verhalten optimistisch beschreiben. Unter den deutschsprachigen Professoren sind auch europakritische Haltungen vertreten, die, wie schon erwähnt, in Gefahr stehen vermittels Mentoring
an die nächste Generation weitergegeben werden.

Die auf eine Identitäts- und Partizipationskrise hinweisenden Einstellungen
sind vermutlich vor allem bei denjenigen zu finden, denen es trotz erfolgreicher
Forschung in Orientierung an der internationalen Forschungsagenda nicht gelingt, die Hürde zu internationalen Forschungsprojekten zu nehmen. Die Gründe
hierfür lassen sich aus den Dresdener Daten nicht entnehmen, dürften aber in
hoher Lehrbelastung, Personal- und Finanzmangel liegen. Unwahrscheinlich ist,
dass diese Teilgruppen nicht zur europäischen Forschung aufschließen *wollen*.
Die Entwicklung muss beobachtet werden, denn - wie sich im Rahmen einer
multiplen Regressionsanalyse mit dem Kriterium „Forschungseuropa der Chancen" zeigt - die konkrete Projektarbeit im Rahmen von Forschungsaufenthalten
auf europäischer Ebene bildet eine der zentralen Voraussetzungen für eine positive, optimistische Haltung zum neuen Europa der Forschung.

Weitere Voraussetzungen sind eine optimistische Einstellung in Bezug auf die
eigene Problemlösefähigkeit und ein geschicktes Management ortsbezogener
Bindungsgefühle zum Zwecke erhöhter Mobilität. Generell weisen die europäischen Medienforscher, - und insbesondere die deutschsprachigen Fachvertreter,
die sich in gleicher Stärke an Europa und an die eigene Nation gebunden fühlen
- bereits eine hohe allgemeine Identifikation mit Europa in ihrer Eigenschaft als
Bürger Europas auf. Die Bindung an Stadt und Region spielt in ihrem Bin-
dungsgefüge nur eine sehr untergeordnete Rolle. Daher bestehen günstige Voraussetzungen für eine zügige, starke Identifikation der deutschsprachigen Medienforscher mit den europäischen Forschungsprogrammen und dem europäischen Forschungsraum. Die aktuell auffindbaren positiven Einstellungen zum
europäischen Forschungsraum, das zeigt das Ergebnis der multiplen Regressionsanalyse zur Skala *Forschungseuropa der Chancen*, werden jedoch (noch)
nicht durch diese allgemeinen Grundeinstellungen bestimmt. Keines dieser Bin-
dungsmaße ging in die Regression ein. Hier waren vielmehr eine Art strategi-
scher Optimismus, ein psychologisch kluges Management der eigenen ortsbezo-
genen Bindungsgefühle und die konkrete Erfahrung mit Forschungsaufenthalten
in europäischen Einrichtungen ausschlaggebend.

Mit den nordamerikanischen Medienforschern, die im Durchschnitt ein wenig älter sind als ihre deutschsprachigen Kollegen/innen, konnten Letztere gut
mithalten. Bei den Amerikanern taten sich z.T. erstaunliche „Defizite" auf, so
z.B. im Bereich des Mentoring (und hier insbesondere beim Mentoring von
Wissenschaftler*innen*!) und im Bereich der Publikationen. Auch zeigten sich
bisher kaum wahrgenommene, erstaunliche Strukturmerkmale der nordamerika-

nischen Medienforschung, die in hohem Maße auch Forschung für den lokalen/regionalen Markt produziert, und zwar zuungunsten international relevanter Forschungsprojekte. Welcher Art diese Forschung ist, ob es sich primär um Marktforschung für Medienunternehmen handelt, die dort von Universitäten und nicht, wie im deutschsprachigen Raum üblich, zu einem erheblichen Anteil von freien Forschungsinstituten geleistet wird, lässt sich an den Dresdener Daten nicht ablesen. Diese Fragestellung lohnt aber durchaus (auch aus europäischer Sicht!) weiterer Erforschung, insbesondere mit Blick auf die Rückwirkungen in Bezug auf die Aufstellung des Faches an den Universitäten.

Die Befragungsdaten, die auf dem Dresdener Kongress erhoben wurden und die die zentrale Grundlage dieser Analyse bilden, basieren auf einer Stichprobe, deren Repräsentativität begrenzt ist. Durch umfassenden Abgleich der Ergebnisse mit den Ergebnissen anderer Studien zu Teilthemen der Untersuchung wurde versucht, die Tragfähigkeit einzelner Erkenntnisse auszuloten. Vorsicht bei der Interpretation der Daten war vor allem auch dann geboten, wenn Ergebnisse erzielt wurden, die auf der Basis z.T. kleiner und sehr kleiner Gruppengrößen gewonnen wurden. Entsprechend wurden gelegentlich nur unter Vorbehalt Hinweise auf Einzelergebnisse gegeben. Auch sind die Messinstrumente, die in dieser Studie verwendet wurden, zum Teil noch nicht ausgereift und harren weiterer Verbesserung in den kommenden Jahren.

Defizite, an denen die Kommunikationswissenschaft arbeiten muss!
Insgesamt ergibt sich jedoch aus den Daten ein in sich stimmiges Bild, so dass folgendes Fazit gewagt werden kann: Die relativ junge, international sehr leistungsstarke und optimistisch eingestellte Workforce der deutschsprachigen Medienforscher ist in vieler Hinsicht gut geeignet, im europäischen Forschungsraum neue Forschungspotenziale zu erschließen und im Europa der Forscher entscheidende Fortschritte zu erzeugen. Psychologisch-mental wie in Bezug auf die allgemeinen Einstellungen zu Europa und speziell zum neuen Forschungs-Europa sind die deutschsprachigen Forscher für diese Aufgabe bereits gut aufgestellt. Doch sind auch strukturelle Probleme unübersehbar, die sich bereits erkennbar negativ auf die gegenwärtige Situation auswirken: Sorgen bereiten (1) die zu geringe Anzahl an wichtigen, erfahrungsbildenden Forschungsaufenthalten innerhalb Europas, vermutlich verursacht durch eine hohe Lehrbelastung und den Personalmangel an den Heimatuniversitäten der Befragten; (2) Hinweise auf zu frühzeitige Elitisierungsprozesse, die bewirken, dass ein Teil des hochqualifizierten (Nachwuchs-)Personals vom europäischen Forschungsmarkt ausgeschlossen ist; (3) Probleme in Bezug auf die universitäre Lehre, verbunden mit einem geringen Ziele-Konsens und der Gefahr frühzeitigen Ausbrennens der (überwiegend) jungen Professoren und Nachwuchswissenschaftler; und schließlich (4) das immer noch bei einem erheblichen Teil der Nachwuchswissenschaftler/innen völlig fehlende Mentoring.

Internationalität: Ein komplexes Paket

Der Gegenstandsbereich der Medienforschung, die Medien und ihr Publikum, kann nicht ausschließlich oder überwiegend aus einer „internationalen" oder „europäischen" Perspektive erschlossen werden. In sehr viel höherem Maße als in Wissenschaften wie etwa der Medizin, der Ingenieurwissenschaft o.ä. werden Forschungsfragen und Lösungsansätze in der Kommunikationswissenschaft durch Inhalte determiniert, die auf der Ebene einer Nation, einer Region, einer

Stadt etc. in Bezug auf das spezielle Medienprofil und die Zusammensetzung und Eigenschaften des Publikums besonders sind. Die Bestimmung der eigenen Forschung als von regionaler, nationaler bzw. internationaler Relevanz durch die Dresdener Forscher hat hier ihren Ursprung.

Medienforscher früherer Generationen haben deutlich weniger empirisch geforscht, deutlich mehr auf nationaler und regionaler Ebene kommentiert und „politisiert" (vgl. Donsbach, 2006) und so vor dem Hintergrund einer zahlenmäßig deutlich kleineren Scientific Community internationale Ansätze bzw. die kommunikationswissenschaftliche Grundlagenforschung stützende Perspektiven seltener bedient. Häufig waren sie neben ihrer Tätigkeit in Forschung und Lehre zugleich praktisch tätig, z.B. als Herausgeber renommierter regionaler und überregionaler Publikationsorgane. Die zunehmend internationale Ausrichtung der kommunikationswissenschaftlichen Forschung stärkt die Grundlagenforschung und die systematische Theorienbildung im Fach. Trotz gelegentlicher Unübersichtlichkeit und eine sich scheinbar verringernde Relevanz, die durch die Anwendung moderner empirischer Forschungsparadigmen erzeugt wird (vgl. die Kritik von Donsbach, 2006), entsteht hier derzeit durch internationales Zusammenwirken eine Forschungsagenda, die junge Medienforscher/innen weltweit fasziniert.

Abschließend lässt sich folgendes Fazit ziehen: Das institutionelle Wachstum des Faches fördert die Internationalisierung. Europa als eigene Plattform bietet neue Chancen, verlangt aber auch verstärkte Anstrengungen. Vor diesem Hintergrund ist auch Dövelings Forderung (2010) zu verstehen, die klar erklärt: „Internationalität muss sich lohnen." Es ist berechtigt zu fragen: „Was bringt ein internationaler Forschungsaufenthalt oder Austausch für die Karriere? Und was bringt er mir persönlich?" Wird das große Engagement, d.h. die oft mühsame und anstrengende Internationalisierung der eigenen Forschung vor dem Hintergrund hoher Lehrbelastung und knapper Mittel nicht durch entsprechende Aufstiegschancen in der Wissenschaft belohnt, so sind die bereits erzielten Fortschritte im Fach gefährdet, und es kann dazu kommen, dass ein Großteil des hochspezialisierten und sehr qualifizierten jungen Personals in der deutschsprachigen Medienforschung in die finanziell attraktivere Medienpraxis abwandert. Zurzeit konkurriert eine große Gruppe begabter und engagierter Medienforscher/innen um die freiwerdenden Professuren im Fach. Diese Situation wird anhalten. Hier muss die Gemeinschaft der Wissenschaftler im Fach zeigen, dass man die eigene Verantwortung kennt und nicht gewillt ist, die sich formierende und für die Medienforschung so wichtige europäische und internationale Forschungsagenda auf dem nahezu-Burnout junger Professoren und Nachwuchswissenschaftler aufzubauen.

Kapitel 4

Die Bedeutung der Forschungsethik für die Internationalisierung

(On the Role of Ethics in the Process of Internationalization of Media Research)

Kapitel 4

Die Bedeutung der Forschungsethik für die Internationalisierung

(On the Role of Ethics in the Process of Internationalization of Media Research)

Zusammenfassung:
Eine breite forschungsethische Kompetenz ist eine Voraussetzung für den erfolgreichen Einstieg in den internationalen Forschungsmarkt. Da Medienforscher zugleich auch Angehörige Freier Medienberufe sind und in ihrer Forschung häufig im Feld arbeiten und/oder Berufspraxis evaluieren und/oder zusätzlich praktisch (z.b. publizistisch) tätig sind, wird in diesem Kapitel dafür plädiert, die für all diese Aktivitäten relevanten berufsethischen und wissenschaftsethischen Grundsätze in einem Kompendium zusammenzufassen. Zu diesem Zweck werden die wechselseitigen Erwartungen von Berufspraxis und Forschung in der Kommunikationswissenschaft beleuchtet. Die innerwissenschaftliche Ethikdiskussion, die bisher ausschließlich die Berufspraxis in der Medienwirtschaft zum Gegenstand hat, wird skizziert. Es folgt eine exemplarische Analyse der in der Medienforschung zunehmend populären Onlineforschung aus dem Blickwinkel moderner Forschungsethik.

Schlüsselwörter: Forschungsethik, journalistische Ethik, Mediennutzer, partizipatorischer Journalismus, Onlineforschung

Abstract:
Being well-informed about the ethical standards of research is an important requirement for a successful career in international science. As media researchers very often are closely connected to the media business too (e.g., as field researchers, as journalists, as evaluators) in this chapter a rationale for an ethical rules' collection is developed that integrates ethical codes from media research and media practice. For this purpose the mutual expectations of scientists and practitioners on ethics are analyzed. In a second step, the broad discussion on ethics in communication science is summarized. Finally, a thorough ethical

analysis of online research methods is added in order to exemplify what research ethics stands for in the field of communication.

Keywords: research ethics, ethics of journalism, users, participatory journalism, online research

Einleitung

Die Grundaussage dieses Kapitels ist: Ohne umfassende Kenntnisse und fachkundige Umsetzung von forschungsethischen Grundsätzen für die Medienforschung ist eine weitere erfolgreiche Internationalisierung im Fach gefährdet. Eine breite forschungsethische Kompetenz der beteiligten Medienforscher/innen ist eine zentrale Grundvoraussetzung für die Einwerbung internationaler Projekte und für ein erfolgreiches europäisches bzw. internationales Projektmanagement. Im Zuge der Standardisierung der europäischen Forschung dringen Forschungsdrittmittelgeber auf europäischer wie auf nationaler Ebene heute nachdrücklicher denn je darauf, dass bei Forschungsprojekten am Menschen Ethikvoten vorgelegt werden, die zuvor von Ethikkommissionen der Universitäten, Hochschulen und wissenschaftlichen Fachgesellschaften bzw. von Ethikkommissionen in Forschungseinrichtungen, Kliniken etc. nach sorgfältiger Prüfung der Vorhaben erstellt und in der Regel mit einer Registrierungsnummer versehen wurden. Immer häufiger fragen internationale Fachzeitschriften bereits bei der Einreichung von Manuskripten nach der Angabe einer solchen Registrierungsnummer bzw. verlangen zumindest eine sorgfältige Dokumentation der Einhaltung ethischer Regeln im Text.

Das 7. Rahmenprogramm der Europäischen Union (Framework Programme 7, 2007-2013) formuliert diese Voraussetzung ganz explizit, und die Deutsche Forschungsgemeinschaft (DFG) und andere nationale Drittmittelgeber verstärken parallel dazu den Druck auf die Antragsteller, entsprechende Voten, die die ethische Unbedenklichkeit der vorgeschlagenen Forschungsprojekte bestätigen bzw. präzise Auflagen für die Forschung formulieren, gleich bei Antragstellung vorzulegen. Dieser besonderen Anforderung, die in vielen anderen Fachdisziplinen von der Medizin über die Pharmazie bis zur Arbeitswissenschaft und Umweltforschung eine Selbstverständlichkeit darstellt, muss sich nun auch immer häufiger die moderne Kommunikationswissenschaft und Medienforschung stellen.

Wie diese wichtige Kompetenz vermittelt werden kann, ist derzeit noch un-
geklärt. Fest steht: Eine erste solide Basis kann die intensive Fachdiskussion zu
Ethikfragen bilden, die die Kommunikationswissenschaft in der universitären
Ausbildung und in der Forschung traditionell pflegt (vgl. Schicha & Brosda,
2010). In den Beiträgen zur Medienpraxis nimmt speziell die journalistische
Ethik breiten Raum ein (z.b. Baum, 2010; Schütz, 2003). Eine differenzierte
moderne Forschungsethik zu entwickeln, die auf den vorhandenen Ansätzen
aufbaut (vgl. auch die Ethikerklärung der DGPuK von 1999; www.dgpuk.de,
Ethikerklärung), ist ein Zukunftsprojekt, das sich jedoch nicht allein aus der
Verpflichtung gegenüber den Forschungsdrittmittelgebern auf nationaler und
europäischer Ebene begründet.

Denn Verfahrensweisen moderner Forschungsethik zu beherrschen und
richtig umzusetzen, wird künftig nicht nur eine Grundanforderung an
Medienforscher/innen mit internationalen Forschungsinteressen sein. Diesen
Medienforschern kann darüber hinaus abhängig vom Untersuchungsdesign auch
eine wichtige Beratungsfunktion gegenüber Wissenschaftlern anderer Fachdisziplinen zufallen. Die technologische Medienentwicklung, die das Fach analysiert und reflektiert, machen sich heute zahlreiche Wissenschaften z.b. in Form
von Umfragen, Befragungen, aber auch Experimenten per Internet zunutze.
Angesichts der ethischen Herausforderungen, die sich daraus ergeben, besteht
gegenüber der Medienforschung bzw. dem Fach Kommunikationswissenschaft
zu Recht eine besondere Erwartungshaltung: Aufgrund seines natürlichen For-
schungsfokus auf die Medien muss man annehmen, dass auch in Bezug auf die
ethische Tragbarkeit solcher Forschung in der Kommunikationswissenschaft
eine besondere Expertise vorliegt. Da hier *alle Wissenschaften* einen hohen
Beratungsbedarf haben, ist es sinnvoll und wichtig, medienethischen Analysen
hierzu Priorität zu geben. Ein sorgfältiges wissenschaftliches Training in for-
schungsrelevanten medienethischen Fragestellungen sollte zum Pflichtpro-
gramm von Graduiertenkollegs und sonstigen Programmen für Nachwuchswissenschaftler gehören. Ein gezielter Ausbau handlungsfähiger wissenschaftlicher
Teams, die sich mit praktischen Problemlösungen im Rahmen der kommunikationswissenschaftlichen Forschungsethik befassen und entsprechende, differenzierte Regularien erarbeiten, sollte parallel zusätzlich auf der Agenda des Faches
stehen.

Dieses Kapitel enthält Überlegungen zur Fundierung forschungsethischer
Grundsätze für die Medienforschung sowie eine Konzeption zur Verankerung
solcher Regeln in einer Ethikordnung, die für wissenschaftliche und berufsprak-
tische Tätigkeitsfelder im Medienbereich gleichermaßen Gültigkeit hat. Diese
Überlegungen dienen der Vorbereitung eines Kompendiums von gültigen Ethikregeln für die Medienforschung und Medienpraxis in Kapitel 5. Das Kompen-

dium - hier als „Kompendium ethischer Grundsätze der Freien Medienberufe in Wissenschaft und Praxis" tituliert - fasst viele zurzeit gültige Regeln für die Medienforschung in einem Dokument systematisch zusammen und kann für konkrete Anwendungsfälle, aber auch zu Ausbildungszwecken genutzt werden. Als Basis einer Ethik für die Kommunikationswissenschaft bzw. für die Medienforschung bieten sich Komponenten aus den vorhandenen sozialwissenschaftlichen und lebenswissenschaftlichen Forschungsethiken an. Regelungsbedarf besteht für empirische, aber auch für non-empirische oder empirisch-qualitative Forschung, d.h. auch die non-empirischen Forschungsrichtungen im Fach - das wird häufig unterschätzt - bedürfen der forschungsethischen Bewertung und Begleitung.

Forschungsethik und Berufsethik bei den Freien Medienberufen

Medienforscher sind häufig nicht nur wissenschaftlich tätig, sondern engagieren sich auch nebenberuflich oder hauptberuflich in der Medienwirtschaft. Publizistik- und Journalistikprofessoren/innen bekleiden wichtige Funktionen in den Herausgebergremien von Tageszeitungen und Zeitschriften, sie leiten nebenberuflich freie Institute für angewandte Medienforschung etc. Parallel dazu wechseln bekannte Publizisten und Medienmanager auf dem Höhepunkt oder am Ende ihrer Karriere in die Welt der Wissenschaft und nehmen Lehrtätigkeiten an Universitäten an. In beiden Richtungen geht solchen Berufsverläufen in der Regel eine längere Phase der „Zweigleisigkeit" in Wissenschaft und Praxis voraus. Vergleichbare Phasen der Zweigleisigkeit findet man in zunehmendem Maße - trotz in der Regel anstrengender Aufgaben im Vollzeitumfang - auch bei den Nachwuchswissenschaftlern im Fach. Diese Tätigkeiten sind häufig finanziell begründet bzw. dienen der weiteren beruflichen Absicherung auf dem schwierigen Weg zu einer Professur. Hinzu kommt: Nebentätigkeiten von Medienforschern in der Medienpraxis, über die auch wichtige Kontakte geknüpft werden, sind ein wichtiger Zugang zur Einwerbung von Drittmitteln aus der Medienwirtschaft. Für die nicht unerhebliche Anzahl von Betroffenen, die in diesem Sinne zweigleisig fahren, sind gegenwärtig sowohl der *Pressekodex* wie auch die „*Ethikerklärung der Deutschen Gesellschaft für Publizistik und Kommunikationswissenschaft*" (DGPuK) verbindlich.

Es ist daher sinnvoll, ein Kompendium gemeinsamer Ethikregeln für Forschung und Praxis zusammenzustellen, die möglichst *alle* ethikrelevanten Problemstellungen abdecken, die sich heutigen Medienforschern in Ausübung ihrer verschiedenen Tätigkeiten stellen könnten. Grundsätzlich bieten sich drei Alternativen zum Aufbau eines solchen Kompendiums an, wie in Tabelle 4.1 erläutert. Alternative C, die einen Kompromiss zwischen Alternative A und B darstellt und als offenes Dokument konzipiert werden kann, findet sich in Kapitel 6 als Entwurfsfassung.

Tabelle 4.1: Struktur eines Kompendiums von Ethikregeln für die moderne Medienforschung - drei Alternativen

---

(A) die Entwicklung verschiedener, voneinander unabhängiger berufsbezogener Ethiken (vorhanden für den Journalistenberuf, fehlend für andere Tätigkeitsfelder wie Public Relations, Werbung etc.), wobei die Forschungsethik eine von mehreren wäre;

(B) die Entwicklung einer gemeinsamen Berufsethik für die Freien Medienberufe (ein Kodex, ein Bestand an gemeinsamen Grundregeln), der die Forschungsethik einschließt oder ausschließt;

(C) die Zusammenführung aller berufsbezogenen Ethiken in einem Dokument, das in systematisierter Form gemeinsame Ethikgrundsätze, aber auch Einzelregelungen für bestimmte Tätigkeitsfelder (Journalismus, Public Relations, Werbung, Forschung etc.) vorsehen kann.

Die differenzierte Formulierung forschungsethischer Regeln für die Medienforschung ist ein Projekt, das auf sehr unterschiedliche Weise realisiert werden kann. Das Thema der *journalistischen Ethik* hat im Fach eine lange Tradition (z.b. Haller & Holzhey, 1992; Lumby & Probyn, 2003; Pohla, 2006; Schicha & Brosda, 2010; Thomaß, 1998; Schütz, 2003). Die Entwicklung weiterer eigenständiger berufsbezogener Ethiken im Medienbereich, etwa für den Bereich Public Relations, wird von Medienexperten seit langem gefordert (Bentele, 1992; Haller, 1992; Müller, 1999). Auf der Basis der sich zurzeit immer klarer differenzierenden Medienberufe könnten unterschiedliche berufsethische Grundsätze mit eigenen Regelwerken für die verschiedenen Praxisfelder entstehen (Alternative A: Erstellung eines Katalogs der Berufsethiken bzw. angewandten Ethiken nach Anwendungsfeldern). Die kommunikationswissenschaftliche Forschungsethik wäre dann ein Kodex unter mehreren. Dieses Modell ist heute bereits ansatzweise Realität: Auf der einen Seite gibt es den Pressekodex und eine fundierte fachwissenschaftliche Diskussion zur journalistischen Ethik.

Auf der anderen Seite gibt es einige sparsame Ethikregeln (vgl. die Ethikerklärung der DGPuK) für die Forschung, der sich die Mitglieder der Deutschen Gesellschaft für Publizistik und Kommunikationswissenschaft e.V. freiwillig unterwerfen.

Die innerwissenschaftliche medienethische Diskussion, die vor allem in der Phase des Aufbaus privater Fernsehsender gegen Ende des 20. Jahrhunderts an Heftigkeit und Intensität zugenommen hat, bezieht sich ausschließlich auf die Medienpraxis. Im Zuge der Analyse der Massenmedien als zentralem Gegenstand der Medienforschung waren und sind medienethische Fragestellungen stets ein wichtiges Thema. Die eigenen forschungs- und wissenschaftsethischen Probleme scheinen den Medienforschern hingegen nicht der wissenschaftlichen Analyse wert und waren lange Zeit kein Gegenstand medienethischer Reflektion.

Die Entwicklung weiterer berufsfeldbezogener Ethikregeln ist sinnvoll und denkbar, aber zurzeit wenig wahrscheinlich. Denn die Mehrheit der in den Medienberufen Tätigen sieht keine Notwendigkeit für eine Vielfalt von Ethikkodexen und steht einem solchen, ihre Tätigkeit regulierenden Gesamtprojekt ohnehin kritisch gegenüber. Sie argumentieren damit, dass letztlich alle Tätigkeiten im Medienbereich eine gemeinsame Grundlage, d.h. einen gemeinsamen Kern haben (Alternative B: Entwicklung einer gemeinsamen Berufsethik für die Freien Medienberufe). Diesem Denkmodell folgend geht man davon aus, dass die „Publizistischen Grundsätze" des Deutschen Presserats, der sogenannte Pressekodex, nicht nur für die Printmedien, sondern auch für die Tätigkeit von Hörfunk-, Fernseh- und neuerdings auch Internet-Journalisten gültig ist. Denn die gesetzlich geschützte Pressefreiheit, so wird argumentiert, bezieht sich ja nicht nur auf die Printmedien, sondern auf alle Medien. Kein Grund also, den Pressekodex zu überarbeiten und für die verschiedenen Medienberufe „fit" zu machen.

Trotz der Orientierung am Berufsprofil des Journalisten/der Journalistin wird damit indirekt das Modell einer Berufe-übergreifenden Medienethik auf der Basis gemeinsamer Grundsätze mit einem Kodex einheitlich für alle Freien Medienberufe vorgestellt (vgl. die Diskussion bei Pohla, 2006; Weischenberg, 1992). Die Forschungsethik findet in diesem Modell der eher impliziten Gemeinsamkeiten, ähnlich wie bei Modell A, allerdings keinen Platz. Für den Anwendungsbereich Forschung hat der Pressekodex inhaltlich wenig zu bieten.

Fazit: Ein Nachschlagewerk

Auf lange Sicht zeitgemäßer und inhaltlich adäquater erscheint daher die Formulierung einer Medienethik bzw. eines Kodex der Freien Medienberufe als Dach mehrerer berufsfeldbezogener Ethiken, die *in einem Dokument* (hier als Kompendium bezeichnet; vgl. Kapitel 6) systematisch zusammengefasst werden (Alternative C). Im Gegensatz zu den vorgenannten Lösungen werden neben gemeinsamen Grundsätzen in diesem Dokument je nach Bedarf und Gesetzeslage auch konkrete Ethikregeln für einzelne Berufsfelder benannt, die ausschließlich für diese gelten.

Medienethik in der innerwissenschaftlichen Diskussion: Eine Skizze

Systematische Werke, die zentrale Argumentationsstränge zur journalistischen Ethik bzw. Medienethik historisch und aktuell analysieren, liegen in deutscher Sprache zahlreich vor. Besonders hervorzuheben ist der auf die französischen, britischen und deutschen Ethiktraditionen Bezug nehmende Band „Journalistische Ethik. Ein Vergleich der Diskurse in Frankreich, Großbritannien und Deutschland" von Barbara Thomaß (1998), der deutlich macht, wie unterschiedlich die europäischen Denktraditionen im Bereich der Medienethik verankert sind. Wichtig ist auch Anika Pohlas (2006) aktueller Band „Medienethik. Eine kritische Orientierung", der bezogen auf die Diskussion im deutschsprachigen Raum einen umfassenden und differenzierten Überblick über die wichtigsten medienethischen Theorien vermittelt und eine darauf aufbauende Systematik medienethisch relevanter Problemkomplexe auf der Ebene des Individuums, auf der Ebene der Organisation und auf der Ebene des Mediensystems vorlegt. Einen am konkreten Ethikfall orientierten, juristisch fundierten und lösungsbezogenen Einblick in medienethische Fragestellungen vermittelt der vom Institut zur Förderung des publizistischen Nachwuchses und vom Deutschen Presserat gemeinsam herausgegebene Band „Ethik im Redaktionsalltag" (2005). Auf diese Bände sei zunächst verwiesen, bevor hier zur Veranschaulichung der weiteren Argumentation einige Eckwerte der fachinternen medienethischen Diskussion skizziert werden.

Die differenzierte Diskussion zu ethischen Aspekten der journalistischen Tätigkeit hat in Deutschland eine lange Tradition. Im Mittelpunkt standen in den ersten Dekaden des 20. Jahrhunderts Fragen nach der „richtigen Gesinnung" und der „persönlichen Verantwortung" von Journalisten. Ende 1973 stellte der

im Jahr 1956 gegründete Presserat erstmals Richtlinien für die publizistische
Arbeit vor (*Pressekodex*), die einen Teil der vieljährigen Diskussion zum Thema
reflektierten. Sie wurden kürzlich, im September 2006, überarbeitet und aktuali-
siert. Obwohl der Presserat ein Gremium der freiwilligen Selbstkontrolle ist, das
über das Aussprechen von Rügen hinaus über keine unmittelbare Sanktionsge-
walt verfügt, hat sich der Pressekodex seit seiner Veröffentlichung in zahlreichen gerichtlichen Auseinandersetzungen als wegweisende standesrechtliche
Grundlage für die Arbeit von Journalisten bewährt und eigene Wirkung entfaltet. Die Revision des Pressekodex aus dem Jahr 2006 hat, aufbauend auf der
Arbeit der Beschwerdeausschüsse, ein Dokument von beeindruckender Klarheit,
Reife und Kompetenz hervorgebracht (vgl. Baum, 2010).

Bis in die 80er Jahre des letzten Jahrhunderts, so beschreiben es Haller und
Holzhey, wurden Fragen der Berufsethik in der journalistischen Ausbildung an
den Universitäten nur sehr selten thematisiert (vgl. Haller & Holzhey, 1992).
Dies änderte sich, als die ersten systematischen Forschungsergebnisse zum Me-
diennutzungsverhalten der Bundesbürger bekannt wurden. Einen Großteil ihrer
Freizeit, so zeigte sich, verbrachten die Menschen mit dem Medienkonsum. Den
25. Geburtstag des Deutschen Presserats nahmen Manfred Rühl und Ulrich
Saxer (1981) daher zum Anlass, ihre „Überlegungen zu einer kommunikationswissenschaftlichen Ethik des Journalismus und der Massenkommunikation"
vorzustellen. Ihr Ansatz konkurrierte damals laut Pohla (2006) mit neueren
Theorien wie dem der wirtschaftsethischen Sozialethik, den konstruktivistischen
Ansätzen, den theologischen Ansätzen, den diskursethischen Ansätzen, den
kommunitaristischen Ansätzen, der Theorie der Sozialverantwortung und
schließlich mit dem von Pohla präferierten Ansatz einer normativen Medien-
ethik als Menschenwürde-Ethik. Schließlich war es die *systemtheoretische Perspektive*, auf die Rühl und Saxer ihre Überlegungen gründeten, die die medienethische Diskussion nachhaltig beeinflusste. Sie konnten erstmals nachweisen,
dass die Nachrichtenproduktion unter den Bedingungen arbeitsteiliger Großor-
ganisationen von der jeweiligen Organisationsethik mitgeprägt wird. Diese begrenzt den individuellen Handlungsspielraum des Einzelnen ganz entscheidend.
Der einzelne Journalist handelt nicht selbstverantwortlich, sondern agiert vor
dem Hintergrund komplexer ökonomischer, technischer und hierarchischer
Strukturen (Thomaß, 1998).

Mit der Forderung nach der Entwicklung verpflichtender medienethischer
Grundsätze für die Medienwirtschaft und die einzelnen Medienunternehmen
zogen Rühl, Saxer und andere den logischen Schluss aus ihrer Analyse (vgl.
Rühl & Saxer, 1981; Ruß-Mohl & Seewald, 1992). Zugleich bildete auch für
diese Autoren der Respekt des Einzelnen vor anderen Menschen ein zentrales
individualistisches Fundament jeder neuen Ethik. Für die praktische journalisti-

sche Arbeit, so schlussfolgerte Thomaß (1998), konnte der Ansatz von Rühl und Saxer zwar nur wenig konkrete Hilfestellung geben. Als wichtig erwies sich jedoch die „entmythologisierende Wirkung" in Bezug auf das journalistische Handeln in Medienorganisationen (vgl. Weischenberg, 1992).

Der medienethische Handlungsrahmen des Einzelnen gewinnt Struktur durch das geltende Recht (vgl. Berka, 1992; Branahl, 1992; Nobel, 1992; Thomaß, 1998). Medienrechtlich relevant ist neben den Pressegesetzen und den Rundfunkgesetzen der Länder z.b. auch das von den Bundesländern gemeinsam verabschiedete Jugendschutzgesetz. Trotz völlig neuer Optionen der Mediennutzung und des Medienkonsums, etwa durch die inhaltlichen Angebote des Internet, gehen Medienexperten davon aus, dass sich die Angehörigen der Medienberufe auch in den neuen Tätigkeitsfeldern, die sich hier auftun, in der Regel „in moralisch wie rechtlich präformierten Netzen" (Haller & Holzhey, 1992, S. 16) bewegen. Sie glauben, dass die medienethischen Problemfragestellungen über alle Medien hinweg Kontinuität aufweisen, und dass die auftretenden moralischen Probleme z.b. im Falle des Internet nicht so neuartig sind, als dass sie nicht in einer allgemeinen Medienethik behandelt werden könnten (vgl. Pohla, 2006). Dennoch wird ein zunehmender Ethikbedarf in den Kommunikationsberufen diagnostiziert, insbesondere dort, wo es nicht um im engeren Sinne journalistische Tätigkeit geht (vgl. Institut zur Förderung des publizistischen Nachwuchses & Deutscher Presserat, 2005; Pohla, 2006; Thomaß, 1998).

Pohla (2006) fällt das Verdienst zu, die Anregungen aus der systemtheoretischen Debatte aufgreifend die moralischen Konfliktbereiche, wie sie sich in der Praxis darstellen, nicht nur auf der Ebene des einzelnen Journalisten, sondern auch auf der Ebene der organisatorischen Abläufe und auf der Ebene des Mediensystems insgesamt analysiert zu haben (Pohla, 2006). Ihre Aufstellung der wichtigsten Konfliktbereiche zeigt, dass sich die moralischen Probleme, die dem einzelnen Journalisten in seiner praktischen Tätigkeit begegnen, auf den höheren Ebenen des Mediensystems wiederholen und dort lediglich in neuem Gewand auftreten. Je höher man einsteigt, desto stärker wird der Blick auf die Medien*inhalte* gelenkt. *Welche Inhalte* und in welchem Umfang sie thematisiert werden, gewinnt zunehmend an Vorrang vor der Frage, *wie* diese Inhalte thematisiert werden. Der medienethischen Reflexion des Einzelnen und ihrer wirksamen Umsetzung in ethisch einwandfreies Handeln sind damit Grenzen gesetzt.

Kasten 4.2: Medienethisch relevante Problemkomplexe (vgl. Pohla, 2006, S. 86-89)

Pohla (2006) unterscheidet zwischen:

Problemkomplexen im Bereich journalistischer Arbeit (Problemkomplexe bei der Recherche von Informationen; Eingriffe in die Persönlichkeitsrechte von Menschen; Verletzungen des Wahrheitsgebots; Manipulierbarkeit von Journalisten; Nutzung recherchierte Materials zum eigenen Vorteil)

Problemkomplexen im Bereich organisatorischer Abläufe (Verwendung moralisch fragwürdigen oder fragwürdig beschafften Materials sowie unzulässige Bearbeitung des Ursprungsmaterials im; Manipulation der Inhalte durch (a) die bevorzugte Einstellung von Personen einer bestimmten Gruppenzugehörigkeit, (b) durch die Anpassung derselben an die Weltanschauung des/der Eigentümer eines Medienkonzerns, (c) Manipulation der Inhalte zugunsten wirtschaftlicher Zielsetzungen)

Problemkomplexen im Bereich des Mediensystems: Darunter versteht sie (a) strukturell bedingte Probleme (Niveauverfall der Medienangebote durch Boulevardisierung, Popularisierung oder Trivialisierung, Verquickung redaktioneller und werblicher Inhalte, Begünstigung unmoralischer Handlungen durch sich verschlechternde Arbeitsbedingungen, Rückgang der publizistischen Vielfalt); (b) Problematische Funktionsverschiebungen in den Medien (Bedeutungsverlust der öffentlichen Aufgabe, Einschränkungen der Informations- und Orientierungsfunktion zugunsten von Unterhaltungs- und Serviceangeboten, Vernachlässigung der Kontrollfunktion aufgrund der zunehmenden wechselseitigen Abhängigkeit von Medien, Wirtschaft und Politik; (c) Problematische Medienwirkungen (1) im Sinne der Herausbildung ethisch fragwürdiger Einstellungen (Förderung von Diskriminierung und Vorurteilen etc.) und (2) Medienwirkungen durch Gewalt- und Pornographie-Darstellungen (Auslösung aggressiven Verhaltens, Gewaltlegitimierung, Erzeugung von Ängsten, Auslösung/Verstärkung sexueller Gewalt, Diskriminierung von Frauen, Verbreitung unmoralischer sexueller Praktiken).

Erwartungen der Berufspraxis an die ethische Kraft der Wissenschaft

Zwei Annahmen charakterisieren die Diskussion zur ethischen Kraft der Wissenschaft und dokumentieren *in der Summe* eine Überschätzung der wegweisenden Rolle der Wissenschaft für die Berufspraxis: (1) die Annahme von Strukturähnlichkeiten in der Tätigkeit von Forschern und Journalisten im Sinne eines (medienethisch) komplementären Miteinanders; (2) die Annahme einer Kontrollfunktion, d.h. eines (medienethisch relevanten) Korrektivs der Forschung gegenüber der (journalistischen) Berufspraxis. Beide Argumentationslinien sollen im Folgenden erläutert werden.

Zu Annahme 1: Wie ein Forscher, so erklärt es Spinner (1988), versucht der Journalist durch seine Recherche unzugängliche bzw. verschüttete und für die Konflikt- und Problemlösung in hochdifferenzierten Gesellschaften relevante Information systematisch offen zu legen. Hierin konkurriert er nicht mit dem Wissenschaftler, er paktiert auch nicht mit ihm, sondern er bildet vielmehr dessen „funktionelles Komplement". Der Journalist/die Journalistin fördert Informationen zutage, die die Wissenschaft nicht erbringen kann, die für die moderne Gesellschaft jedoch unverzichtbar sind (vgl. Spinner, 1988; Ruß-Mohl & Seewald, 1992). In den grundlegenden Werten und Zielvorstellungen, in Bezug auf die Wahrheitssuche, die Sorgfaltspflicht, die sorgfältige Trennung von Information und Interpretation weisen beide Berufe demnach *zentrale Gemeinsamkeiten* auf und basieren auf identischen ethischen Grundsätzen (vgl. Spinner, 1988). Dieser Gedankengang, der im Medienbereich sehr verbreitet ist und an die forschungsethischen Verpflichtungen der Medienforscher, wie die DFG sie für ihre Wissenschaftler formuliert (s.u.), anknüpft, spricht für die Errichtung eines weitgehend gemeinsamen Ethikkodex, wie zuvor in Alternative C vorgeschlagen.

Zu Annahme 2: Die Medienforschung wird in der Diskussion um ethisches Handeln in der Medienpraxis häufig als *(ethisches) Korrektiv* verstanden: Für Journalisten stellen wissenschaftliche Forschungsergebnisse ein Garant für das einwandfreie Funktionieren journalistischer Tätigkeit dar, so meinen Fachvertreter wie Ruß-Mohl und Seewald (1992) und auch der Presserat. Die Diskussion um die „Erträge" der Medienforschung für die Medienethik hat im Fach eine lange Tradition (s. Schönbach, 1992). Dass man sich von der modernen Medienwirkungsforschung wichtige Aufklärung erwartete, lässt sich unmittelbar einsehen. Dennoch erstaunt, wie einseitig diese Diskussion bis heute geführt wird: Es ist weiterhin vor allem die Medienwirkungsforschung, nicht die Medienforschung insgesamt, um die sich die Ethikdiskussion zu den für die Medienpraxis relevanten Forschungsergebnissen dreht. Inhaltlich dominiert dabei das Thema Mediengewalt. Da Forschungsbefunde nicht immer eindeutig sind, häufig falsch verstanden werden und vor allem nie endgültig und abgeschlossen sein können, ist das „Beratungsergebnis" für die medienethische Praxis mal mehr, mal weniger nützlich. Um moralische Entscheidungen in Bezug auf die Wirkungsproblematik zu optimieren, sieht Pohla (2006) die Medienpraktiker in der Pflicht, sich kontinuierlich über die wissenschaftliche Entwicklung auf dem Laufenden zu halten und zur Absicherung von den „schlimmstmöglichen Wirkungen" auszugehen.

Erwartungen an die neuen, publizistisch aktiven Mediennutzer

Zu den Experten, die neben den bisher genannten Instanzen Ausbildung, wissenschaftliche Forschung, Gesetzgebung und Kontrollgremien (Presserat) auch den kritischen und medienkompetenten Bürger als zentrale Säule für ein ethisch einwandfreies Funktionieren der Medien betrachten, gehört Roger Silverstone. Er geht davon aus, dass die gegenwärtig praktizierten Formen der Medienregulierung nicht ausreichen, um als Garanten für Menschlichkeit und Kultur zu fungieren, und dass eine verantwortungsvolle und verantwortliche Medienkultur einen kritischen und kompetenten Bürger voraussetzt. Heute, so Silverstone, hat die medienvermittelte kulturelle Umwelt einen ebenso hohen Stellenwert für die Menschen wie die natürliche Umwelt (Silverstone, 2004).

Dass die Medien zunehmend Macht über uns in unseren eigenen vier Wänden gewonnen haben, dazu trägt heutzutage nicht nur das Internet bei. Die Pionierrolle gebührt eindeutig dem Fernsehen. In Gestalt von Real People TV gelingt es immer besser, Fernsehwelt und private Umwelt einander anzunähern. Lumby (2003) analysiert die neuen Formate aus ethischer Sicht. Die Idee, dass jeder Mensch berühmt werden kann, indem er auf dem Bildschirm in entsprechenden Sendungen erscheint, und dass die Zuschauer offenbar den Wunsch haben, auch einmal auf der anderen Seite des Bildschirms zu agieren, hat viele traditionell arbeitende Medienschaffende, so Lumby, zunächst einmal verblüfft. Die entscheidende Kritik an diesen neuen Formaten aus ethischer Perspektive ist die, dass die Zuschauer dazu verleitet werden zu glauben, dass das, was sie auf dem Bildschirm sehen, real und nicht inszeniert ist. Prä- und Postproduktionsentscheidungen dienen dazu, die Realitätswirkung weiter zu erhöhen, so dass Insider heute den Unterschied zwischen der Realität und Reality TV scherzhaft so beschreiben, dass Reality TV glaubwürdig sein muss.

Lumby (2003) und Pohla (2006) stimmen darin überein, dass in medienethischen Debatten um konkrete Medienprodukte viel zu selten gefragt wird, ob die Konsumenten an denselben ethischen Problemen Anstoß nehmen wie die Wissenschaftler und die Medienpraktiker. Ein Niveauverfall im Sinne der Boulevardisierung und Popularisierung von Inhalten würde aus Zuschauersicht von Fall zu Fall sicher unterschiedlich beurteilt werden. Lumby (2003) rät dazu, die wachsende Medienkompetenz der heutigen Fernsehzuschauer nicht zu unterschätzen. Mit dem Einzug von audiovisuellem Produktionsequipment mit entsprechender Software zum Editieren in das private Zuhause sind nach seiner Auffassung die Mediennutzer aufmerksamer geworden und durchaus in der Lage, die Grundprinzipien medialer Inszenierung zu durchschauen. Krotz (2010) rät dazu, die Verbraucher zusätzlich zu schützen, indem eine Organisation gegründet wird, die als Lobbyist der Verbraucher auftreten kann: Um gefährliche und unethische Auswüchse der Medienwirtschaft einzugrenzen, so sein Vorschlag, könnte man eine „Stiftung Medientest" gründen, die aktiven Verbraucherschutz praktiziert und die zusätzlich die Wirkung haben könnte, medienethische Regeln im Bewusstsein der Öffentlichkeit - und damit auch im Bewusstsein des einzelnen Nutzers - stärker zu verankern (vgl. Krotz, 2010).

Kompetente und aktive Nutzer, die gelegentlich die Seiten wechseln und im Rollentausch wie Medienprofis tätig werden, sind im Fernsehen und im Internet ein neues Phänomen. Insbesondere im Internet mischen sich traditionelle und innovative Medienformate und erzeugen eine neue Art des *partizipatorischen Journalismus*, dessen ethische Dimensionen noch nicht ausgelotet sind (vgl. Kingston, 2003). Eine umfassende Standardisierung medienethischer Regeln, die auch die Mediennutzer einbezieht, ist aus diesem Blickwinkel dringend erforderlich. Bezogen auf das Internet geht Pohla (2006) davon aus, dass die dortigen Arbeitsbedingungen im Falle (professionell tätiger) Online-Journalisten geeignet sind, ethisch problematische Arbeitsweisen zu befördern. Die als *Netiquette* bekannten Benimmregeln für die Kommunikation in virtuellen Gemeinschaften, die sich an *alle Nutzer richten*, weisen daher in die richtige Richtung, genügen jedoch professionellen Ansprüchen an eine Internet-Ethik noch nicht (vgl. Krotz, 2010; Pohla, 2006).

Die moderne Onlineforschung in der forschungsethischen Reflexion

Auf dem sich hektisch und mit hoher Innovationsrate entwickelnden Forschungsmarkt der Kommunikationswissenschaft und der Informations- und Kommunikationstechnologien allgemein hat die Onlineforschung inzwischen einen festen Platz. Dabei überwiegen die Vorteile der Onlineforschung (ökonomisch im Einsatz, vereinfachte Erhebung nicht-reaktiver Daten, Adaptivität und Flexibilität, Erreichbarkeit spezifischer Gruppen) aus der Sicht der jungen Medienforscher/innen deutlich die Nachteile (mangelnde Repräsentativität, erhöhter Dropout, geringe Kontrolle über die Situation der Erhebung und die Probanden). Die Ökonomie dieser Forschungsstrategie spielt im Zuge der Notwendigkeit, die eigene Forschungskarriere zügig und mit frühzeitig nachweisbaren Ergebnissen bzw. Erfolgen aufzubauen, eine wichtige Rolle: Onlineforschung kann fast ohne Eigenmittel betrieben werden; sie kann ohne Personal und mit einem zeitlich überschaubaren, im Verhältnis zu anderen empirisch-qualitativen und -quantitativen Vorgehensweisen deutlichen geringeren Organisationsaufwand erfolgreich durchgeführt werden (vgl. Strassnig, 2009). Dabei ergeben sich scheinbar kaum Einschränkungen in Bezug auf das Untersuchungsdesign und die verwendeten Methoden: Der Einsatz qualitativer Online-Methoden (Befragung, Beobachtung, Dokumentenanalyse) ist ebenso möglich wie die Durchführung von Web-Experimenten. Grundlagenforschung lässt sich also ebenso betreiben wie angewandte Nutzer- und Konsumentenforschung (Gnambs & Batinic. 2007; Reips, 2007). Zwar werden diese Entwicklungen auch kontinuierlich von einer kritischen Diskussion insbesondere zur *Datengüte* begleitet (vgl. Göritz, 2007; Reips, 2008; Taddicken, 2008). In Standardwerke zu Methoden der empirischen Kommunikationsforschung haben sie bisher keinen Eingang gefunden (z.b. Brosius, Koschel, & Haas, 2009). Doch gibt es auch keinen Hinweis darauf, dass der vermehrte Einsatz von Methoden der Onlineforschung und die Publikation entsprechender Forschungsergebnisse die beteiligten jungen Medienforscher/innen wissenschaftlich benachteiligt. Alles spricht vielmehr dafür, dass sie in naher Zukunft dem Standardrepertoire empirischer Forschungsmethoden ganz selbstverständlich zugeordnet werden (vgl. Ritter & Sue, 2007; Schweiger & Beck, 2010).

Nicht zutreffend ist jedoch, dass Onlineforschung in deutlich geringerem Maße der Kontrolle durch forschungsethische Standards unterworfen ist (vgl. Reips, 2007). Wer in Fachzeitschriften mit Peer Review veröffentlichen will, muss international im Falle von Forschung am Menschen auch ein positives Votum einer wissenschaftlichen Ethikkommission (in der Regel belegt durch eine Registrierungsnummer) vorlegen. Am Beispiel der Online-Umfrageforschung - es wird nachfolgend zur besseren Veranschaulichung weiter ausgeführt! - benennen Ritter und Sue (2007) zentrale Ethikaspekte, die für die Umfrageforschung generell relevant sind und übertragen sie auf Online-Umfragen, nämlich (1) informierte Zustimmung, (2) Sicherstellung von Vertraulichkeit und Anonymität der Teilnehmer, sowie die (3) ethisch einwandfreie Interpretation und Berichterstattung über die Ergebnisse.

Der Respekt vor den (freiwilligen) Umfrageteilnehmern gilt demnach für eine Onlinebefragung ebenso wie für jede andere Form der Umfrage, weshalb dem *Prinzip der „informierten Zustimmung"* unbedingt Folge zu leisten ist, d.h. die Teilnehmer sind beispielsweise über den allgemeinen Zweck der Umfrage korrekt zu informieren (vgl. auch die Hinweise zum Vorgehen bei sog. „Täuschungsmanövern" im Ethikkompendium in Kapitel 5!); das Forschungsteam muss sich gegenüber den Teilnehmern ausweisen und jederzeit für diese erreichbar sein; die Teilnehmer sind darüber zu informieren, wie die erhobenen Daten verwendet werden sollen; die durchschnittliche Dauer für das Ausfüllen ist anzugeben und die Teilnehmer sind vorab zu informieren, falls man sie mehrfach kontaktieren möchte; die Risiken der Teilnahme sind korrekt zu benennen, z.b. für den Fall, dass die Teilnehmer ihnen unangenehme oder peinliche Informationen enthüllen sollen.

Die *Wahrung der Vertraulichkeit* gegenüber den Teilnehmern ist eine weitere, ganz zentrale Ethikanforderung, denn Teilnehmer an Onlineumfragen gehen normalerweise davon aus, dass sowohl ihre Teilnahme wie auch die enthüllte Information vertraulich bleiben. Kann dies seitens des Forschungsteams nicht sichergestellt werden, müssen die Teilnehmer zuvor davon in Kenntnis gesetzt werden. Weiterhin muss die Möglichkeit bestehen, zu jeder Zeit die Teilnahme an der Umfrage aufzukündigen. Die *Wahrung der Anonymität* - beide Konzepte, Vertraulichkeit und Anonymität, werden häufig in einem Atemzug genannt - greift weiter: Im Grunde führt bereits jede Email-Adresse, die den Forschern zur Kenntnis kommt, zur Aufhebung der Anonymität. Bei der Durchführung von Onlinebefragungen ist es kein Muss, Anonymität zuzusichern (z.B. im Falle eines Forschungsdesigns, dass mehrfache Befragungen der Teilnehmer voraussetzt). Wenn sie jedoch zugesichert wird, sind die verantwortlichen Medienforscher verpflichtet, alles zu unternehmen, um sie zu wahren.

In Bezug auf die *Interpretation und die Berichterstattung über die Ergebnisse der Studie* kommen weitere Regeln zur Anwendung. So haben die verantwortlichen Forscher darauf zu achten, dass sie in dieser Phase nicht gegen die Vertraulichkeitsregel und die Verpflichtung zur Wahrung der Anonymität der Befragten verstoßen. Als Daumenregel gilt hier: Berichte nie Ergebnisse, die auf weniger als 10 Probanden basieren! Bei 10 und mehr Probanden ist es schwieriger, einzelne Personen mit ihrem individuellen Antwortprofil zu identifizieren. Auch die Interpretation der Umfragedaten ist ein ethisches Minenfeld: Die Ergebnisse sind grundsätzlich vollständig und korrekt zu präsentieren. Auch die Verfahrensweisen, die zu den Ergebnissen geführt haben, sind korrekt anzugeben. Ergebnisse, die dem Auftraggeber der Umfrage unangenehm sein könnten, sollten nicht einfach verschwiegen werden. Dies liegt auch im Interesse der Teilnehmer/innen. Irreführende Schlussfolgerungen auf der Basis verkürzter Datensätze sind unethisch. Die verantwortlichen Forscher sollten alternativ dazu bei einem unauflösbaren Konflikt zwischen ihnen und dem Auftraggeber vom Auftrag zurücktreten bzw. versuchen, eine schlichtende Instanz einzuschalten. (vgl. Ritter & Sue, 2007).

Fazit: Zur praktischen Handhabung

Die Umfrage- oder Survey-Forschung ist nur eine Form der Online-Forschung. Wie diese und andere Formen der Online-Forschung ethisch einwandfrei umzusetzen sind, dafür finden sich grundlegende Regeln im Kompendium ethischer Grundsätze in Kapitel 5. *Bei Forschungsanträgen für Drittmittelforschung aus europäischen und internationalen Programmen ist bei Antragstellung regelmäßig eine das eigene Vorgehen differenziert zu begründende Ethikerklärung abzugeben.* Wer Forschungsdesigns unter Einbezug von Online-Forschung plant, der findet in den „Guidelines for ethical practice in psychological research online" der British Psychological Society (BPS) die derzeit differenzierteste, jederzeit auf die Medienforschung übertragbare und zugleich auch bereits in gutem Wissenschaftsenglisch abgefasste Anleitung zum Thema (vgl. Tabelle 4.3). Die Kommission, die diese Anleitung ausgearbeitet hat, geht speziell auch auf die ethischen Probleme der qualitativen empirischen Online-Forschung ein, statt, wie andernorts üblich, nur Beispiele empirisch-quantitativer Vorgehensweisen zu diskutieren.

Welche Forschungsethik braucht die Medienforschung?

„Forschung, so erklärt die *Deutsche Forschungsgemeinschaft* (DFG) in ihren *„Empfehlungen zur Selbstkontrolle in der Wissenschaft"*, ist im idealisierten Sinne Suche nach Wahrheit. Wahrheit ist unlauteren Methoden kategorial entgegengesetzt. Unredlichkeit - anders als gutgläubiger Irrtum, der nach manchen wissenschaftstheoretischen Positionen essentiell für den Fortschritt der Erkenntnis ist, jedenfalls aber zu den „Grundrechten" des Wissenschaftlers gehört - stellt also die Forschung nicht nur in Frage, sie zerstört sie." (vgl. *www.dfg.de*, Rubrik „Gute wissenschaftliche Praxis") Ehrlicher Forschung hat sich auch die Deutsche Gesellschaft für Publizistik und Kommunikationswissenschaft (DGPuK) in ihrer *„Erklärung zur Sicherung guter wissenschaftlicher Praxis"* verpflichtet. Der vorgelegte 7-Punkte-Katalog ist sinnvoll, lässt jedoch Zweifel daran aufkommen, ob diese Richtlinien angesichts der Differenziertheit der Forschung im Fach und verglichen mit den Richtlinien anderer, am Menschen forschender Disziplinen (beispielsweise der Psychologie oder der Soziologie) ausreichen, um ein ethisch einwandfreies Verhalten der zurzeit aktiven Forscher anzuleiten (vgl. www.dgpuk.de, Ethikerklärung der DGPuK). Allerdings muss man das Rad nicht immer wieder neu erfinden. Auf der Suche nach differenzierteren Regelungen, die den Forschungszielen und Forschungsgegenständen in der Medienforschung entsprechen und die international gültige Standards erfüllen, bietet es sich an, neben den Empfehlungen der DFG auch Ethik-Kodexe der Max-Planck-Gesellschaft, von am Menschen forschenden Wissenschaften wie der Psychologie und der Soziologie sowie Richtlinien für besondere Verfahrensweisen in der Forschung (hier der Onlineforschung; Evaluationsforschung) beizuziehen. Die Aufstellung möglicher Quellen in Tabelle 4.3 ist nicht abschließend.

Welche forschungsethischen Regeln aus den verschiedenen Kodexen speziell auf die Medienforschung anwendbar sind, ist letztlich eine pragmatische Frage und eine Frage der Erfahrung. Mit entsprechenden „Anleihen" aus anderen Wissenschaften lässt sich für die kommunikationswissenschaftliche Forschung ein Kompendium ethischer Regeln zusammenstellen, das alle wichtigen, in der internationalen und in der interdisziplinären Forschung gültigen Standards enthält und als gute Grundlage dienen kann, geplante Forschungsvorhaben auf ethische Aspekte zu überprüfen.

Fazit: Europa im Visier

Die besondere Professionalität, die die Freien Medienberufe mit ihrer modernen wissenschaftlichen Ausbildung in die Medienwirtschaft einbringen, bedarf sorgfältiger und kontinuierlicher ethischer Begleitung. Unabhängig von den medialen Innovationen der letzten zwei Dekaden und der neuen aktiven Rolle, die die Mediennutzer zunehmend bei der Produktion von Medieninhalten einnehmen, unterscheidet sich der berufliche Impetus eines akademisch ausgebildeten Journalisten, PR-Managers o.ä. ganz grundsätzlich von dem eines Laien. Dieser Unterschied dokumentiert sich u.a. im Ethikkodex bzw. in der Berufsordnung.

Um fit für Europa, insbesondere für von der Europäischen Union finanzierte Forschungsprojekte zu sein, muss die Kommunikationswissenschaft im Bereich der Forschungsethik noch einige Defizite abbauen. Als Hindernis für einen professionellen Auftritt auf der europäischen Ebene erweist sich der internationalen Standards nicht entsprechende Forschungskodex. Statt einer einfachen Erweiterung dieser Regeln wird vorgeschlagen, die Gelegenheit wahrzunehmen und gleich ein gemeinsames, identitätsstiftendes Kompendium für *alle Angehörigen der Freien Medienberufe*, d.h. für Wissenschaftler *und* Praktiker zu entwickeln.

Tabelle 4.3: Quellen für differenziertere Ethikstandards in der Medienforschung

---

Forschungsrichtlinien (exklusiv Forschung; allgemein und bereichsspezifisch):

Hinweise und Regeln der Max-Planck-Gesellschaft zum verantwortlichen Umgang mit Forschungsfreiheit und Forschungsrisiken (www.mpg.de)

Guidelines for Ethical Practice in Psychological Research Online (British Psychological Society, BPS; www.bps.org.uk)

Ethics Guide. Ethical Decision-Making and Internet Research (International Association of Internet Researchers, AoIR; www.aoir.org)

Guiding principles for Evaluators (American Evaluation Association, AEA, www.eval.org)

Richtlinien für die Freien Medienberufe (Forschung & Praxis getrennt):

Erklärung der Deutschen Gesellschaft für Publizistik und Kommunikationswissenschaft zur Sicherung guter wissenschaftlicher Praxis (www.dgpuk.de)

Publizistische Grundsätze (Pressekodex). Richtlinien für die publizistische Arbeit nach den Empfehlungen des Deutschen Presserats, Fassung vom 03.12.08 (www.presserat.info).

Richtlinien aus den Human- und Sozialwissenschaften (Forschung & Praxis integriert):

Ethische Richtlinien der Deutschen Gesellschaft für Psychologie (DGPs) und des Berufsverbandes Deutscher Psychologinnen und Psychologen (BDP), zugleich Berufsordnung des BDP (www.dgps.de)

Ethik-Kodex der Deutschen Gesellschaft für Soziologie (DGS) und des Berufsverbandes Deutscher Soziologen" (BDS; www.soziologie.de)

Kapitel 5

Kompendium international gültiger Ethikregeln für Medienforschung und Medienpraxis

(Collection of Conduct Rules for the Media Profession in Science and Practice)

Kompendium ethischer Grundsätze der Freien Medienberufe in Wissenschaft und Praxis

Präambel: Pressefreiheit und publizistische Verantwortung

1. Wahrhaftigkeit und Achtung der Menschenwürde
2. Sorgfalt
3. Richtigstellung
4. Grenzen der Recherche
5. Berufsgeheimnis
6. Trennung von Tätigkeiten
7. Persönlichkeitsrechte
8. Schutz der Ehre
9. Religion, Weltanschauung, Sitte
10. Sensationsberichterstattung, Jugendschutz
11. Diskriminierungen
12. Unschuldsvermutung
13. Medizin-Berichterstattung
14. Vergünstigungen
15. Stellung zu Kollegen/Kolleginnen und anderen Berufsgruppen

Kapitel 5

Kompendium international gültiger Ethikregeln für Medienforschung und Medienpraxis

(Collection of Conduct Rules for the Media Profession in Science and Practice)

Zusammenfassung:
In diesem Kapitel wird das Vorgehen erläutert, das zur Erstellung eines Kompendiums gültiger Ethikregeln für die Medienforschung und Medienpraxis im Sinne einer Sammlung konkreter, anwendbarer Verfahrensregeln geführt hat, und zur Bereitstellung des entsprechenden einsatzfähigen Produkts („Entwurf. Ethische Grundsätze der Freien Medienberufe in Wissenschaft und Praxis").

Schlüsselwörter: Pressekodex, Freie Medienberufe, Medienforschung

Abstract:
In this chapter the principles of structuring a collection of conduct rules for the media profession, equally valid for scientists and professionals, are explained. A ready-to-use preliminary version of the conduct rules' collection entitled "Draft of Conduct Rules for the Media Profession in Science and Practice" is added.

Keywords: Press code of ethics, media profession, media research

Einleitung

Versucht man, ein Kompendium von Ethikregeln für den Medienbereich zusammenzustellen, das möglichst viele wichtige Regeln integriert und systematisiert, so stößt man auf ein Problem: Der *Pressekodex*, der im Zuge dieser Aktion mit den *Regeln zur Sicherung guter wissenschaftlicher Praxis* (DGPuK) im Fach Kommunikationswissenschaft und mit anderen wissenschaftlichen Ethikregeln zusammengeführt wird (vgl. Kapitel 4, Tabelle 4.3), regelt nur die journalistische Tätigkeit, und dies streng genommen auch nur für den Bereich Printmedien. Die Gültigkeit des *Pressekodex* für die journalistische Tätigkeit im Fernsehen, im Hörfunk und im Internet zu unterstellen, - ein Vorgehen, das der Presserat seit vielen Jahren praktiziert - ist ein ökonomisches Prinzip, mit dem diese neuen Tätigkeiten (nachträglich) den gesetzlichen Regelungen zur Pressefreiheit zugeordnet werden. Stellenweise finden sich in der neuesten Version des Pressekodex bereits Anpassungen an das moderne Arbeitsumfeld von Journalisten, indem von den „Medien" allgemein die Rede ist. Weitaus häufiger bedient man sich jedoch der traditionellen Terminologie, wobei vor allem der Begriff „Presse" zum Einsatz kommt, der je nach Kontext die Printmedien, die in den Printmedien tätigen Journalisten oder beides bezeichnet.

Diese Bezeichnungen wurden im nachfolgenden Kompendium ersetzt durch Wortkombinationen wie „die Presse/die Medien" bzw. und durch die Verwendung der Berufsbezeichnung „Journalist" (statt „Presse"). Statt „Abdruck" kam die allgemeinere Bezeichnung „Veröffentlichung" zum Einsatz, der Begriff „Verleger" wurde hingegen als nicht auf den Printmedienbereich begrenzte, generische Bezeichnung aufgefasst und belassen. Auch für die Adressaten musste eine neue, das Anwendungsfeld erweiternde Terminologie gefunden werden. Neben der Bezeichnung „Leser", auch in der Wortverbindung „Leserbriefe", die als generisch aufgefasst wurde, kommt im Kompendium nun gelegentlich auch die Kombination „Leser/Hörer/Zuschauer/Nutzer" (Nutzer von Printmedien, Radio, Fernsehen und Internet) zum Einsatz.

Die grundsätzliche Orientierung des *Pressekodex* am Berufsfeld und an der Tätigkeit von Journalisten lässt sich durch solche neuen, ergänzenden Begrifflichkeiten natürlich nicht aufheben. Andere Berufe, etwa der des PR-Managers, bedürfen möglicherweise weiterer ethischer Regularien und müssten u.U. auch von einigen im Pressekodex fixierten Vorschriften explizit ausgenommen werden (vgl. Rühl & Saxer, 1981; Ruß-Mohl & Seewald, 1992). Für diese und andere Berufsgruppen eigene Regelungen zu entwerfen und in ein solches Kompendium zu integrieren, bleibt eine Aufgabe der Zukunft.

Dennoch schien es sinnvoll, Vorschriften, die im *Pressekodex* für die journalistische Tätigkeit formuliert wurden, aber auf dem gegenwärtigen Stand des

Wissens auch für andere Medienberufe relevant sind, in Bezug auf die Berufsgruppe allgemeiner zu bezeichnen, nämlich unter Verwendung der in Kapitel 1 erläuterten Bezeichnung „Freie Medienberufe". Bei Regeln, die allein die journalistische Tätigkeit betreffen, wurde im Text die Berufsbezeichnung „Journalist" verwendet.

Insgesamt stellt das angefügte Kompendium eine erste Sammlung von Regeln dar, die Medienforscher, die professionell auf nationalem und internationalem Level forschen wollen, nutzen können, um sich über die Rechtslage sowie über gültige (wissenschafts-)ethische Vorschriften und daraus abgeleitete Handhabungen umfassend zu informieren. Deutschsprachigen Medienforschern, die zugleich auch in der Medienwirtschaft als Journalisten, Marktforscher, Evaluatoren etc. tätig sind, - häufig besitzen sie einen Presseausweis und sind neben der Hochschulzugehörigkeit und ihrer wissenschaftlichen Tätigkeit auch Mitglieder in den entsprechenden Berufsverbänden - wird ein Teil der nachfolgenden Formulierungen sehr bekannt vorkommen, da sie nur leicht verändert aus dem deutschen Pressekodex übernommen wurden und dessen Systematik weitgehend beibehalten wurde (vgl. Deutscher Presserat, 2008). Wichtige Regeln für die Medien*forschung* finden sich im Teil „Grundsätze für Forschung und Lehre".

Kompendium ethischer Grundsätze der Freien Medienberufe in Wissenschaft und Praxis

Grundsätze der praktischen Berufsausübung

Präambel: Pressefreiheit und publizistische Verantwortung

Die im Grundgesetz der Bundesrepublik verbürgte Pressefreiheit schließt die Unabhängigkeit und Freiheit der Information, der Meinungsäußerung und der Kritik ein.

Verleger, Herausgeber, Journalisten und alle Angehörigen Freier Medienberufe müssen sich bei ihrer Arbeit der Verantwortung gegenüber der Öffentlichkeit und ihrer Verpflichtung für das Ansehen der Medien bewusst sein. Sie nehmen ihre publizistische Aufgabe fair, nach bestem Wissen und Gewissen, unbeeinflusst von persönlichen Interessen und sachfremden Beweggründen wahr.

Die publizistischen Grundsätze konkretisieren die Berufsethik der Angehörigen Freier Medienberufe. Sie umfasst die Pflicht, im Rahmen der Verfassung und der verfassungskonformen Gesetze das Ansehen des Mediums, in dem sie tätig sind, zu wahren und für die Pressefreiheit in den Medien einzustehen.

Die Regelungen zum Redaktionsdatenschutz gelten für das jeweilige Medium, soweit dort personenbezogene Daten zu journalistisch-redaktionellen Zwecken erhoben, verarbeitet oder genutzt werden.

Von der Recherche über Redaktion, Veröffentlichung, Dokumentation bis hin zur Archivierung dieser Daten achten die Angehörigen der Freien Medienberufe das Privatleben, die Intimsphäre und das Recht auf informationelle Selbstbestimmung des Menschen.

1. Wahrhaftigkeit und Achtung der Menschenwürde

Die Achtung vor der Wahrheit, die Wahrung der Menschenwürde und die wahrhaftige Unterrichtung der Öffentlichkeit sind oberste Gebote für die Angehörigen Freier Medienberufe. Jede in den Medien tätige Person wahrt auf dieser Grundlage das Ansehen und die Glaubwürdigkeit der Medien.

Exklusivverträge

Die Unterrichtung der Öffentlichkeit über Vorgänge oder Ereignisse, die für die Meinungs- und Willensbildung wesentlich sind, darf nicht durch Exklusivverträge mit den Informanten oder durch deren Abschirmung eingeschränkt oder verhindert werden. Wer ein Informationsmonopol anstrebt, schließt die übrigen Medien/Berufsangehörigen von der Beschaffung von Nachrichten dieser Bedeutung aus und behindert damit die Informationsfreiheit.

Wahlkampfberichterstattung

Zur wahrhaftigen Unterrichtung der Öffentlichkeit gehört, dass die Presse/die Medien in der Wahlkampfberichterstattung auch über Auffassungen berichten, die die Berichterstatter selbst nicht teilen.

Pressemitteilungen

Pressemitteilungen müssen als solche gekennzeichnet werden, wenn sie ohne Bearbeitung durch die Redaktion veröffentlicht werden.

2. Sorgfalt

Recherche ist unverzichtbares Instrument journalistischer Sorgfalt. Zur Veröffentlichung bestimmte Informationen in Wort, Bild und Grafik sind mit der nach den Umständen gebotenen Sorgfalt auf ihren Wahrheitsgehalt zu prüfen und wahrheitsgetreu wiederzugeben. Ihr Sinn darf durch Bearbeitung, Überschrift oder Bildbeschriftung weder entstellt noch verfälscht werden. Unbestätigte Meldungen, Gerüchte und Vermutungen sind als solche erkennbar zu machen. Symbolfotos müssen als solche kenntlich sein oder erkennbar gemacht werden.

Umfrageergebnisse

Bei der Veröffentlichung von Umfrageergebnissen ist die Zahl der Befragten, der Zeitpunkt der Befragung, der Auftraggeber sowie die Fragestellung mitzuteilen. Zugleich muss mitgeteilt werden, ob die Ergebnisse repräsentativ sind. Sofern es keinen Auftraggeber gibt, soll vermerkt werden, dass die Umfragedaten auf die eigene Initiative des Meinungsbefragungsinstituts zurückgehen.

Symbolfoto

Kann eine Illustration, insbesondere eine Fotografie, beim flüchtigen Lesen als dokumentarische Abbildung aufgefasst werden, obwohl es sich um ein Symbolfoto handelt, so ist eine entsprechende Klarstellung geboten. So sind

*   Ersatz- oder Behelfsillustrationen (gleiches Motiv bei anderer Gelegenheit, anderes Motiv bei gleicher Gelegenheit etc.)
*   symbolische Illustrationen (nachgestellte Szene, künstlich visualisierter Vorgang zum Text etc.)
*   Fotomontagen oder sonstige Veränderungen

deutlich wahrnehmbar in Bildlegende bzw. Bezugstext als solche erkennbar zu machen.

Vorausberichte

Die Medien tragen für von ihnen herausgegebene Vorausberichte, die in gedrängter Fassung den Inhalt einer angekündigten Veröffentlichung wiedergeben, die publizistische Verantwortung. Wer Vorausberichte von Presseorganen unter Angabe der Quelle weiterverbreitet, darf sich grundsätzlich auf ihren Wahrheitsgehalt verlassen. Kürzungen oder Zusätze dürfen nicht dazu führen, dass wesentliche Teile der Veröffentlichung eine andere Tendenz erhalten oder unrichtige Rückschlüsse zulassen, durch die berechtigte Interessen Dritter verletzt werden.

Interview

Ein Wortlautinterview ist auf jeden Fall journalistisch korrekt, wenn es das Gesagte richtig wiedergibt. Wird ein Interview ganz oder in wesentlichen Teilen im Wortlaut zitiert, so muss die Quelle angegeben werden. Wird der wesentliche Inhalt der geäußerten Gedanken mit eigenen Worten wiedergegeben, entspricht eine Quellenangabe journalistischem Anstand.

Grafische Darstellungen

Die Sorgfaltspflicht verlangt, bei grafischen Darstellungen irreführende Verzerrungen auszuschließen.

Leserbriefe

(1) Bei der Veröffentlichung von Leserbriefen sind die Publizistischen Grundsätze zu beachten. Es dient der wahrhaftigen Unterrichtung der Öffentlichkeit, im Leserbriefteil bzw. auf der dafür ausgewiesenen Webseite auch Meinungen zu Wort kommen zu lassen, die die Redaktion nicht teilt.

(2) Zuschriften an Verlage oder Redaktionen können als Leserbriefe veröffentlicht werden, wenn aus Form und Inhalt erkennbar auf einen solchen Willen des Einsenders geschlossen werden kann. Eine Einwilligung kann unterstellt werden, wenn sich die Zuschrift zu Veröffentlichungen des Blattes/des Mediums oder zu allgemein interessierenden Themen äußert. Der Verfasser hat keinen Rechtsanspruch auf Veröffentlichung seiner Zuschrift.

(3) Es entspricht einer allgemeinen Übung, dass der Abdruck mit dem Namen des Verfassers erfolgt. Nur in Ausnahmefällen kann auf Wunsch des Verfassers eine andere Zeichnung erfolgen. Die Presse/die Medien verzichten bei der Publikation auf die Veröffentlichung von Adressangaben, es sei denn, die Veröffentlichung der Adresse dient der Wahrung berechtigter Interessen. Bestehen Zweifel an der Identität des Absenders, soll auf die Publikation verzichtet werden. Die Veröffentlichung fingierter Leserbriefe/Interviews ist mit der Aufgabe der Presse/der Medien unvereinbar.

(4) Änderungen oder Kürzungen von Zuschriften ohne Einverständnis des Verfassers sind grundsätzlich unzulässig. Kürzungen sind jedoch möglich, wenn die Rubrik Leserzuschriften bzw. die dafür ausgewiesene Webseite einen regelmäßigen Hinweis enthält, dass sich die Redaktion bei Zuschriften, die für diese Rubrik bestimmt sind, das Recht der sinnwahrenden Kürzung vorbehält. Verbietet der Einsender ausdrücklich Änderungen oder Kürzungen, so hat sich die

Redaktion, auch wenn sie sich das Recht der Kürzung vorbehalten hat, daran zu halten oder auf den Abdruck zu verzichten.

(5) Alle einer Redaktion zugehenden Leserbriefe unterliegen dem Redaktionsgeheimnis. Sie dürfen in keinem Fall an Dritte weitergegeben werden.

3. Richtigstellung

Veröffentlichte Nachrichten oder Behauptungen, insbesondere personenbezogener Art, die sich nachträglich als falsch erweisen, hat das Publikationsorgan, das sie gebracht hat, unverzüglich von sich aus in angemessener Weise richtig zu stellen.

Anforderungen
Für den Leser muss erkennbar sein, dass die vorangegangene Meldung ganz oder zum Teil unrichtig war. Deshalb nimmt eine Richtigstellung bei der Wiedergabe des korrekten Sachverhalts auf die vorangegangene Falschmeldung Bezug. Der wahre Sachverhalt wird geschildert, auch dann, wenn der Irrtum bereits in anderer Weise in der Öffentlichkeit eingestanden worden ist.

Dokumentierung
Führt die journalistisch-redaktionelle Erhebung, Verarbeitung oder Nutzung personenbezogener Daten durch die Presse/die Medien zur Veröffentlichung von Richtigstellungen, Widerrufen, Gegendarstellungen oder zu Rügen des Deutschen Presserats, so sind diese Veröffentlichungen von dem betreffenden Publikationsorgan zu den gespeicherten Daten zu nehmen und für dieselbe Zeitdauer zu dokumentieren wie die Daten selbst.

4. Grenzen der Recherche

Bei der Beschaffung von personenbezogenen Daten, Nachrichten, Informationsmaterial und Bildern dürfen keine unlauteren Methoden angewandt werden.

Grundsätze der Recherche

Journalisten geben sich grundsätzlich zu erkennen. Unwahre Angaben des recherchierenden Journalisten über seine Identität und darüber, welches Organ er vertritt, sind grundsätzlich mit dem Ansehen und der Funktion der Medien nicht vereinbar. Verdeckte Recherche ist im Einzelfall gerechtfertigt, wenn damit Informationen von besonderem öffentlichen Interesse beschafft werden, die auf andere Weise nicht zugänglich sind. Bei Unglücksfällen und Katastrophen beachten Journalisten, dass Rettungsmaßnahmen für Opfer und Gefährdete Vorrang vor dem Informationsanspruch der Öffentlichkeit haben.

Recherche bei schutzbedürftigen Personen

Bei der Recherche gegenüber schutzbedürftigen Personen ist besondere Zurückhaltung geboten. Dies betrifft vor allem Menschen, die sich nicht im Vollbesitz ihrer geistigen oder körperlichen Kräfte befinden oder einer seelischen Extremsituation ausgesetzt sind, aber auch Kinder und Jugendliche. Die eingeschränkte Willenskraft oder die besondere Lage solcher Personen darf nicht gezielt zur Informationsbeschaffung ausgenutzt werden.

Sperrung oder Löschung personenbezogener Daten

Personenbezogene Daten, die unter Verstoß gegen den Pressekodex erhoben wurden, sind von dem betreffenden Publikationsorgan zu sperren oder zu löschen.

5. Berufsgeheimnis

Die Presse wahrt das Berufsgeheimnis, macht vom Zeugnisverweigerungsrecht Gebrauch und gibt Informanten ohne deren ausdrückliche Zustimmung nicht preis. Die vereinbarte Vertraulichkeit ist grundsätzlich zu wahren.

Vertraulichkeit

Hat der Informant die Verwertung seiner Mitteilung davon abhängig gemacht, dass er als Quelle unerkennbar oder ungefährdet bleibt, so ist diese Bedingung zu respektieren. Vertraulichkeit kann nur dann nicht bindend sein, wenn die Information ein Verbrechen betrifft und die Pflicht zur Anzeige besteht. Vertraulichkeit muss nicht gewahrt werden, wenn bei sorgfältiger Güter- und Interessenabwägung gewichtige staatspolitische Gründe überwiegen, insbesondere wenn die verfassungsmäßige Ordnung berührt oder gefährdet ist.
Über als geheim bezeichnete Vorgänge und Vorhaben darf berichtet werden, wenn nach sorgfältiger Abwägung festgestellt wird, dass das Informationsbe-

dürfnis der Öffentlichkeit höher rangiert als die für die Geheimhaltung angeführten Gründe.

Nachrichtendienstliche Tätigkeiten
Nachrichtendienstliche Tätigkeiten von Journalisten und Verlegern sind mit den Pflichten aus dem Berufsgeheimnis und dem Ansehen der Presse/der Medien nicht vereinbar.

Datenübermittlung
Alle von Redaktionen zu journalistisch-redaktionellen Zwecken erhobenen, verarbeiteten oder genutzten personenbezogenen Daten unterliegen dem Redaktionsgeheimnis. Die Übermittlung von Daten zu journalistisch-redaktionellen Zwecken zwischen den Redaktionen ist zulässig. Sie soll bis zum Abschluss eines formellen datenschutzrechtlichen Beschwerdeverfahrens unterbleiben. Eine Datenübermittlung ist mit dem Hinweis zu versehen, dass die übermittelten Daten nur zu journalistisch-redaktionellen Zwecken verarbeitet oder genutzt werden dürfen.

6. Trennung von Tätigkeiten

Journalisten und Verleger üben keine Tätigkeiten aus, die die Glaubwürdigkeit der Presse/der Medien in Frage stellen könnten.

Doppelfunktionen
Übt ein Journalist oder Verleger neben seiner publizistischen Tätigkeit eine Funktion, beispielsweise in einer Regierung, einer Behörde oder in einem Wirtschaftsunternehmen aus, müssen alle Beteiligten auf strikte Trennung dieser Funktionen achten. Gleiches gilt im umgekehrten Fall.

Trennung von Werbung und Redaktion
Die Verantwortung der Presse/der Medien gegenüber der Öffentlichkeit gebietet, dass redaktionelle Veröffentlichungen nicht durch private oder geschäftliche Interessen Dritter oder durch persönliche wirtschaftliche Interessen der Journalistinnen und Journalisten beeinflusst werden. Verleger und Redakteure wehren derartige Versuche ab und achten auf eine klare Trennung zwischen redaktionellem Text und Veröffentlichungen zu werblichen Zwecken. Bei Veröffentlichungen, die ein Eigeninteresse des Verlages betreffen, muss dieses erkennbar sein.

Trennung von redaktionellem Text und Anzeigen

Bezahlte Veröffentlichungen müssen so gestaltet sein, dass sie als Werbung für den Leser/Hörer/Zuschauer/Nutzer erkennbar sind. Die Abgrenzung vom redaktionellen Teil kann durch Kennzeichnung und/oder Gestaltung erfolgen. Im Übrigen gelten die werberechtlichen Regelungen.

Schleichwerbung

Redaktionelle Veröffentlichungen, die auf Unternehmen, ihre Erzeugnisse, Leistungen oder Veranstaltungen hinweisen, dürfen nicht die Grenze zur Schleichwerbung überschreiten. Eine Überschreitung liegt insbesondere nahe, wenn die Veröffentlichung über ein begründetes öffentliches Interesse oder das Informationsinteresse der Leser hinausgeht oder von dritter Seite bezahlt bzw. durch geldwerte Vorteile belohnt wird. Die Glaubwürdigkeit der Presse/der Medien als Informationsquelle gebietet besondere Sorgfalt beim Umgang mit PR-Material.

Sonderveröffentlichungen

Redaktionelle Sonderveröffentlichungen unterliegen der gleichen redaktionellen Verantwortung wie alle redaktionellen Veröffentlichungen. Werbliche Sonderveröffentlichungen müssen die Anforderungen o.g. Richtlinie zur Trennung von redaktionellem Text und Anzeigen beachten.

Wirtschafts- und Finanzmarktberichterstattung

Journalisten und Verleger, die Informationen im Rahmen ihrer Berufsausübung recherchieren oder erhalten, nutzen diese Informationen vor ihrer Veröffentlichung ausschließlich für publizistische Zwecke und nicht zum eigenen persönlichen Vorteil oder zum persönlichen Vorteil anderer. Journalisten und Verleger dürfen keine Berichte über Wertpapiere und/oder

deren Emittenten in der Absicht veröffentlichen, durch die Kursentwicklung des entsprechenden Wertpapiers sich, ihre Familienmitglieder oder andere nahestehende Personen zu bereichern. Sie sollen weder direkt noch durch Bevollmächtigte Wertpapiere kaufen bzw. verkaufen, über die sie zumindest in den vorigen zwei Wochen etwas veröffentlicht haben oder in den nächsten zwei Wochen eine Veröffentlichung planen. Um die Einhaltung dieser Regelungen sicherzustellen, treffen Journalisten und Verleger die erforderlichen Maßnahmen. Interessenkonflikte bei der Erstellung oder Weitergabe von Finanzanalysen sind in geeigneter Weise offen zu legen.

7. Persönlichkeitsrechte

Die Angehörigen der Freien Medienberufe achten das Privatleben und die Intimsphäre des Menschen. Berührt jedoch das private Verhalten öffentliche Interessen, so kann es im Einzelfall in der Presse/den Medien erörtert werden. Dabei ist zu prüfen, ob durch eine Veröffentlichung Persönlichkeitsrechte Unbeteiligter verletzt werden. Angehörige der Freien Medienberufe achten das Recht auf informationelle Selbstbestimmung und gewährleisten den redaktionellen Datenschutz.

Nennung von Namen/Abbildungen

(1) Bei der Berichterstattung über Unglücksfälle, Straftaten, Ermittlungs- und Gerichtsverfahren veröffentlicht die Presse in der Regel keine Informationen in Wort und Bild, die eine Identifizierung von Opfern und Tätern ermöglichen würden. Mit Rücksicht auf ihre Zukunft genießen Kinder und Jugendliche einen besonderen Schutz. Immer ist zwischen dem Informationsinteresse der Öffentlichkeit und dem Persönlichkeitsrecht des Betroffenen abzuwägen. Sensationsbedürfnisse allein können ein Informationsinteresse der Öffentlichkeit nicht begründen.

(2) Opfer von Unglücksfällen oder von Straftaten haben Anspruch auf besonderen Schutz ihres Namens. Für das Verständnis des Unfallgeschehens bzw. des Tathergangs ist das Wissen um die Identität des Opfers in der Regel unerheblich. Ausnahmen können bei Personen der Zeitgeschichte oder bei besonderen Begleitumständen gerechtfertigt sein.

(3) Bei Familienangehörigen und sonstigen durch die Veröffentlichung mittelbar Betroffenen, die mit dem Unglücksfall oder der Straftat nichts zu tun haben, sind Namensnennung und Abbildung grundsätzlich unzulässig.

4) Die Nennung des vollständigen Namens und/oder die Abbildung von Tatverdächtigen, die eines Kapitalverbrechens beschuldigt werden, ist ausnahmsweise dann gerechtfertigt, wenn dies im Interesse der Verbrechensaufklärung liegt und Haftbefehl beantragt ist oder wenn das Verbrechen unter den Augen der Öffentlichkeit begangen wird. Liegen Anhaltspunkte für eine mögliche Schuldunfähigkeit eines Täters oder Tatverdächtigen vor, sollen Namensnennung und Abbildung unterbleiben.

5) Bei Amts- und Mandatsträgern können Namensnennung und Abbildung zulässig sein, wenn ein Zusammenhang zwischen Amt und Mandat und einer Straftat gegeben ist. Gleiches trifft auf Personen der Zeitgeschichte zu, wenn die ihnen zur Last gelegte Tat im Widerspruch steht zu dem Bild, das die Öffentlichkeit von ihnen hat.

6) Namen und Fotos Vermisster dürfen veröffentlicht werden, jedoch nur in Absprache mit den zuständigen Behörden.

Schutz des Aufenthaltsortes
Der private Wohnsitz sowie andere Orte der privaten Niederlassung, wie z.b. Krankenhaus-, Pflege-, Kur-, Haft- oder Rehabilitationsorte, genießen besonderen Schutz.

Resozialisierung
Im Interesse der Resozialisierung müssen bei der Berichterstattung im Anschluss an ein Strafverfahren in der Regel Namensnennung und Abbildung unterbleiben, es sei denn, ein neues Ereignis schafft einen direkten Bezug zu dem früheren Vorgang.

Erkrankungen
Körperliche und psychische Erkrankungen oder Schäden fallen grundsätzlich in die Geheimsphäre des Betroffenen. Mit Rücksicht auf ihn und seine Angehörigen sollen die Presse/die Medien in solchen Fällen auf Namensnennung und Bild verzichten und abwertende Bezeichnungen der Krankheit oder der Krankenanstalt, auch wenn sie im Volksmund anzutreffen sind, vermeiden. Auch Personen der Zeitgeschichte genießen über den Tod hinaus den Schutz vor diskriminierenden Enthüllungen.

Selbsttötung
Die Berichterstattung über Selbsttötung gebietet Zurückhaltung. Dies gilt insbesondere für die Nennung von Namen und die Schilderung näherer Begleitumstände. Eine Ausnahme ist beispielsweise dann zu rechtfertigen, wenn es sich um einen Vorfall der Zeitgeschichte von öffentlichem Interesse handelt.

Opposition und Fluchtvorgänge
Bei der Berichterstattung über Länder, in denen Opposition gegen die Regierung Gefahren für Leib und Leben bedeuten kann, ist zu bedenken: Durch die Nennung von Namen oder Fotoveröffentlichungen können Betroffene identifiziert und verfolgt werden. Auch kann die Veröffentlichung von Einzelheiten über Geflüchtete und ihre Flucht dazu führen, dass zurückgebliebene Verwandte und Freunde gefährdet oder noch bestehende Fluchtmöglichkeiten verbaut werden.

Jubiläumsdaten

Die Veröffentlichung von Jubiläumsdaten solcher Personen, die sonst nicht im Licht der Öffentlichkeit stehen, bedingt, dass sich die Redaktion vorher vergewissert hat, ob die Betroffenen mit der Veröffentlichung einverstanden sind oder vor öffentlicher Anteilnahme geschützt sein wollen.

Auskunft

Wird jemand durch eine Berichterstattung in der Presse/in den Medien in seinem Persönlichkeitsrecht beeinträchtigt, so hat das verantwortliche Publikationsorgan dem Betroffenen auf Antrag Auskunft über die der Berichterstattung zugrunde liegenden, zu seiner Person gespeicherten Daten zu erstatten. Die Auskunft darf verweigert werden, soweit

- aus den Daten auf Personen, die bei der Recherche, Bearbeitung oder Veröffentlichung von Beiträgen berufsmäßig journalistisch mitwirken oder mitgewirkt haben, geschlossen werden kann,
- aus den Daten auf die Person des Einsenders, Gewährsträgers oder Informanten von Beiträgen, Unterlagen und Mitteilungen für den redaktionellen Teil geschlossen werden kann,
- durch die Mitteilung der recherchierten oder sonst erlangten Daten die journalistische Aufgabe des Publikationsorgans durch Ausforschung des Informationsbestandes beeinträchtigt würde oder
- es sich sonst als notwendig erweist, um das Recht auf Privatsphäre mit den für die Freiheit der Meinungsäußerung geltenden Vorschriften in Einklang zu bringen.

8. Schutz der Ehre

Es widerspricht journalistischer Ethik, mit unangemessenen Darstellungen in Wort und Bild Menschen in ihrer Ehre zu verletzen.

9. Religion, Weltanschauung, Sitte

Die Angehörigen Freier Medienberufe verzichten darauf, religiöse, weltanschauliche oder sittliche Überzeugungen zu schmähen.

10. Sensationsberichterstattung, Jugendschutz

Die Presse verzichtet auf eine unangemessen sensationelle Darstellung von Gewalt, Brutalität und Leid. Die Presse/die Medien beachten den Jugendschutz.

Unangemessene Darstellung

Unangemessen sensationell ist eine Darstellung, wenn in der Berichterstattung der Mensch zum Objekt, zu einem bloßen Mittel, herabgewürdigt wird. Dies ist insbesondere dann der Fall, wenn über einen sterbenden oder körperlich oder seelisch leidenden Menschen in einer über das öffentliche Interesse und das Informationsinteresse der Leser hinausgehenden Art und Weise berichtet wird. Bei der Platzierung bildlicher Darstellungen von Gewalttaten und Unglücksfällen auf Titelseiten beachtet die Presse/die Medien die möglichen Wirkungen auf Kinder und Jugendliche.

Berichterstattung über Gewalttaten

Bei der Berichterstattung über Gewalttaten, auch angedrohte, wägen die Angehörigen der Freien Medienberufe das Informationsinteresse der Öffentlichkeit gegen die Interessen der Opfer und Betroffenen sorgsam ab. Sie berichten über diese Vorgänge unabhängig und authentisch, lassen sich aber dabei nicht zum Werkzeug von Verbrechern machen. Sie unternehmen keine eigenmächtigen Vermittlungsversuche zwischen Verbrechern und Polizei. Interviews mit Tätern während des Tatgeschehens darf es nicht geben.

Unglücksfälle und Katastrophen

Die Berichterstattung über Unglücksfälle und Katastrophen findet ihre Grenze im Respekt vor dem Leid von Opfern und den Gefühlen von Angehörigen. Die vom Unglück Betroffenen dürfen grundsätzlich durch die Darstellung nicht ein zweites Mal zu Opfern werden.

Abgestimmtes Verhalten mit Behörden/Nachrichtensperre

Nachrichtensperren akzeptieren die Angehörigen Freier Medienberufe grundsätzlich nicht. Ein abgestimmtes Verhalten zwischen Medien und Polizei gibt es nur dann, wenn Leben und Gesundheit von Opfern und anderen Beteiligten durch das Handeln von Journalisten geschützt oder gerettet werden können. Dem Ersuchen von Strafverfolgungsbehörden, die Berichterstattung im Interesse der Aufklärung von Verbrechen in einem bestimmten Zeitraum ganz oder teilweise zu unterlassen, folgen die Medien, wenn das jeweilige Ersuchen überzeugend begründet ist.

Verbrecher-Memoiren

Die Veröffentlichung so genannter Verbrecher-Memoiren verstößt gegen die Publizistischen Grundsätze, wenn Straftaten nachträglich gerechtfertigt oder relativiert werden, die Opfer unangemessen belastet und durch eine detaillierte Schilderung eines Verbrechens lediglich Sensationsbedürfnisse befriedigt werden.

Drogen

Veröffentlichungen in der Presse dürfen den Gebrauch von Drogen nicht verharmlosen.

11. Diskriminierungen

Niemand darf wegen seines Geschlechts, einer Behinderung oder seiner Zugehörigkeit zu einer ethnischen, religiösen, sozialen oder nationalen Gruppe diskriminiert werden.

Berichterstattung über Straftaten

In der Berichterstattung über Straftaten wird die Zugehörigkeit der Verdächtigen oder Täter zu religiösen, ethnischen oder anderen Minderheiten nur dann erwähnt, wenn für das Verständnis des berichteten Vorgangs ein begründbarer Sachbezug besteht. Besonders ist zu beachten, dass die Erwähnung Vorurteile gegenüber Minderheiten schüren könnte.

12. Unschuldsvermutung

Die Berichterstattung über Ermittlungsverfahren, Strafverfahren und sonstige förmliche Verfahren muss frei von Vorurteilen erfolgen. Der Grundsatz der Unschuldsvermutung gilt auch für die Presse/die Medien.

Vorverurteilung

Die Berichterstattung über Ermittlungs- und Gerichtsverfahren dient der sorgfältigen Unterrichtung der Öffentlichkeit über Straftaten und andere Rechtsverletzungen, deren Verfolgung und richterliche Bewertung. Sie darf dabei nicht vorverurteilen. Die Angehörigen Freier Medienberufe dürfen eine Person als Täter bezeichnen, wenn sie ein Geständnis abgelegt hat und zudem Beweise gegen sie vorliegen oder wenn sie die Tat unter den Augen der Öffentlichkeit begangen hat. In der Sprache der Berichterstattung sind sie nicht an juristische

Begrifflichkeiten gebunden, die für den Leser/Hörer/Zuschauer/Nutzer unerheblich sind. Ziel der Berichterstattung darf in einem Rechtsstaat nicht eine soziale Zusatzbestrafung Verurteilter mit Hilfe eines „Medien-Prangers" sein. Zwischen Verdacht und erwiesener Schuld ist in der Sprache der Berichterstattung deutlich zu unterscheiden.

Folgeberichterstattung
Haben Journalisten über eine noch nicht rechtskräftige Verurteilung eines Betroffenen berichtet, so sollen sie auch über einen rechtskräftig abschließenden Freispruch bzw. über eine deutliche Minderung des Strafvorwurfs berichten, sofern berechtigte Interessen des Betroffenen dem nicht entgegenstehen. Diese Empfehlung gilt sinngemäß auch für die Einstellung eines Ermittlungsverfahrens.

Straftaten Jugendlicher
Bei der Berichterstattung über Ermittlungs- und Strafverfahren gegen Jugendliche sowie über ihr Auftreten vor Gericht sollen Journalisten mit Rücksicht auf die Zukunft der Betroffenen besondere Zurückhaltung üben.

13. Medizin-Berichterstattung

Bei Berichten über medizinische Themen ist eine unangemessen sensationelle Darstellung zu vermeiden, die unbegründete Befürchtungen oder Hoffnungen beim Leser/Hörer/Zuschauer/Nutzer erwecken könnte. Forschungsergebnisse, die sich in einem frühen Stadium befinden, sollten nicht als abgeschlossen oder nahezu abgeschlossen dargestellt werden.

14. Vergünstigungen

Die Annahme von Vorteilen jeder Art, die geeignet sein könnten, die Entscheidungsfreiheit von Verlag und Redaktion zu beeinträchtigen, ist mit dem Ansehen, der Unabhängigkeit und der Aufgabe der Presse/der Medien unvereinbar. Wer sich für die Verbreitung oder Unterdrückung von Nachrichten bestechen lässt, handelt unehrenhaft und berufswidrig.

Einladungen und Geschenke
Schon der Anschein, die Entscheidungsfreiheit von Verlag und Redaktion könne beeinträchtigt werden, ist zu vermeiden. Journalisten nehmen daher keine Einla-

dungen oder Geschenke an, deren Wert das im gesellschaftlichen Verkehr übliche und im Rahmen der beruflichen Tätigkeit notwendige Maß übersteigt. Die Annahme von Werbeartikeln oder sonstiger geringwertiger Gegenstände ist unbedenklich. Recherche und Berichterstattung dürfen durch die Annahme von Geschenken, Einladungen oder Rabatten nicht beeinflusst, behindert oder gar verhindert werden. Verlage und Journalisten bestehen darauf, dass Informationen unabhängig von der Annahme eines Geschenks oder einer Einladung gegeben werden. Wenn Journalisten über Pressereisen berichten, zu denen sie eingeladen wurden, machen sie diese Finanzierung kenntlich.

14. Rügenabdruck

Es entspricht fairer Berichterstattung, vom Deutschen Presserat öffentlich ausgesprochene Rügen abzudrucken, insbesondere in den betroffenen Publikationsorganen.

Veröffentlichung von Rügenabdrucken
Für das betroffene Publikationsorgan gilt: Der Leser/Hörer/Zuschauer/Nutzer muss erfahren, welcher Sachverhalt der gerügten Veröffentlichung zugrunde lag und welcher publizistische Grundsatz dadurch verletzt wurde.

15. Stellung zu Kollegen/Kolleginnen und anderen Berufsgruppen

Angehörige der Freien Medienberufe schulden ihren Berufskollegen Respekt und üben keine unsachliche Kritik an deren Berufsausübung. Sie versuchen nicht, durch unlautere Handlungsweisen Kollegen aus ihren Tätigkeitsfeldern zu verdrängen oder ihnen Aufträge zu entziehen. In der Zusammenarbeit mit Angehörigen anderer Berufe verhalten sie sich loyal, tolerant und hilfsbereit.

Beschäftigen Angehörige der Freien Medienberufe Mitarbeiter und Hilfskräfte, so haben sie diesen angemessene Arbeitsbedingungen und der jeweiligen Tätigkeit entsprechende schriftliche Verträge anzubieten. Auszubildende und Praktikanten sind auf ihren späteren Beruf hin angemessen und ausreichend auszubilden. Damit ist ausgeschlossen, dass sie mit einseitigen oder ausschließlich untergeordneten Tätigkeiten beschäftigt werden. Angehörige der Freien Medienberufe sind verpflichtet, ihren Mitarbeitern jederzeit, insbesondere bei Beendigung des Arbeitsverhältnisses, auf Wunsch ein qualifiziertes Zeugnis auszustellen.

Grundsätze für Forschung und Lehre

Präambel: Wissenschaftsfreiheit und gesellschaftliche Verantwortung

Das Grundrecht der Wissenschaftsfreiheit (Art.5, Abs.3 GG) erlegt den in der Forschung und Lehre tätigen Angehörigen der Freien Medienberufe die Verantwortung für Form und Inhalt ihrer wissenschaftlichen Tätigkeit auf.

Das Grundrecht der Wissenschaftsfreiheit ist formal unbeschränkt. Es findet aber seine Grenze dort, wo andere Grundrechte verletzt werden. In ihrer Berufsausübung sind die in Forschung und Lehre tätigen Medienforscher an ihre ethische Verantwortung gegenüber ihren Mitmenschen und der natürlichen Umwelt gebunden.

Aus dem Recht auf Freiheit von Forschung und Lehre erwächst die ethische Verpflichtung der in diesem Bereich tätigen Angehörigen der Freien Medienberufe, Forschung und Lehre von Fremdbestimmung und wissenschaftsfremder Parteilichkeit freizuhalten. Das schließt ein, dass sie die Fragestellung ihrer Forschungsarbeit, die methodischen Grundsätze, die Ergebnisinterpretation und deren Verbreitung selbst zu verantworten haben und nicht nur berechtigt, sondern verpflichtet sind, verfassungswidrige Eingriffe in diesen Verantwortungsbereich abzuwehren.

Die Anerkennung der wissenschaftlichen Leistungen Andersdenkender, Andersgläubiger, Angehöriger anderer Altersgruppen und des anderen Geschlechts, anderer sozialer Schichten und Kulturen, und die Bereitschaft, eigene Irrtümer durch überzeugende Argumente, welcher Herkunft auch immer, zu korrigieren, kennzeichnen das Berufsethos der in Forschung und Lehre tätigen Medienforscher in besonderem Maße.

Die grundgesetzlich garantierte Freiheit der Forschung von Fremdbestimmung ist zugleich als Appell an die moralische Verantwortung der in Forschung und Lehre Angehörigen der Freien Medienberufe zu verstehen, innerhalb der wissenschaftlichen Gemeinschaft demokratische Arbeitsformen zu fördern. Neue Fragestellungen, Denkansätze und Methoden sind ohne Rücksicht auf ihre Herkunft unvoreingenommen zu prüfen.

Die vorstehenden Grundsätze gelten auch für Medienforscher/innen, die in weisungsabhängiger Stellung forschen, sowie für in der Auftragsforschung tätige Medienforscher.

Unbeschadet der Verantwortlichkeit Angehöriger anderer Berufsgruppen für die von ihnen im Rahmen eines Forschungsvorhabens durchgeführten einzelnen Maßnahmen, tragen die Angehörigen der Freien Medienberufe als Leiter solcher Forschungsvorhaben für diese die Gesamtverantwortung.

16. Grundsätze guter wissenschaftlicher Praxis

Grundlegend für die Berufsausübung in Forschung und Lehre ist die unbedingte Redlichkeit in der Suche nach und bei der Weitergabe von wissenschaftlichen Erkenntnissen. Um gesicherte wissenschaftliche Erkenntnisse zu gewinnen, verpflichten sich in Forschung und Lehre tätige Medienforscher zur Einhaltung folgender Grundsätze:

Medienforscher/innen streben in Forschung und Lehre nach Integrität und Objektivität. Sie verpflichten sich dabei - in sozialer Verantwortung - den bestmöglichen Standards.

Sie unterwerfen ihre Forschungstätigkeit den allgemein gültigen Regeln methodischen Vorgehens und der Überprüfbarkeit von Ergebnissen. Sie sind jederzeit bereit, ihr wissenschaftliches Vorgehen entsprechend dem jeweiligen Untersuchungsziel darzustellen, zu begründen und rationaler Kritik zugänglich zu machen.

Werden Forschungsvorhaben realisiert, ohne dass sie, zumeist auf dem Wege der Finanzierung, personell bzw. institutionell an Strukturen gebunden sind, die der Sicherung guter wissenschaftlicher Praxis dienen, so obliegt es den Forschenden selbst sicherzustellen, dass die Durchführung solcher Vorhaben mit den wissenschaftlichen, fachlichen und ethischen Grundsätzen dieser Richtlinien in Übereinstimmung steht.

In Forschung und Lehre tätige Angehörige der Freien Medienberufe sind darum bemüht, bereits im Forschungsprozess alle verfügbaren Informationen und Gegenargumente angemessen zu berücksichtigen. Sie sind offen für Kritik und bereit, auch eigene Erkenntnisse konsequent anzuzweifeln.

In Forschung und Lehre tätige Medienforscher/innen verpflichten sich, ihre Forschungsergebnisse zu dokumentieren. Sie sind bereit, wissenschaftliche Aussagen vollständig und ohne Auflagen zugänglich zu machen und so ihren Einbezug in den kumulativen Prozess der Forschung und Lehre zu gewährleisten. Diese Selbstverpflichtung gilt im Grundsatz auch für solche Forschungsergebnisse, die der eigenen Theorie bzw. den eigenen Hypothesen widersprechen oder deren Veröffentlichung aus anderen Gründen als nicht opportun erscheint.

Die Beiträge von Partnern, Kollegen, Studierenden und Vorgängern zum eigenen Forschungsthema werden explizit und deutlich kenntlich gemacht.

17. Grundsätze der Forschung am Menschen

Medienforschung ist auf die Teilnahme von Menschen als Probanden /Teilnehmer angewiesen. Medienforscher/innen sind sich der Besonderheit der Rollenbeziehung zwischen Versuchsleiter und Versuchsperson und der daraus resultierenden Verantwortung bewusst. Sie stellen sicher, dass durch die Forschung Würde und Integrität der teilnehmenden Personen nicht beeinträchtigt werden. Sie treffen alle geeigneten Maßnahmen, Sicherheit und Wohl der Probanden/Teilnehmer zu gewährleisten, und versuchen, Risiken auszuschließen. Die in der Forschung tätigen Kommunikationswissenschaftler/innen verpflichten sich zur Einhaltung gesetzlicher Bestimmungen. Das gilt insbesondere für den Jugendschutz.

Die Verantwortung ist besonders hoch zu bemessen, wenn es sich bei den Probanden/Teilnehmern um Abhängige oder um Personen handelt, die nicht in der Lage sind, eigenverantwortlich zu handeln, oder wenn die Forschungssituation geeignet ist, eigenverantwortliches Handeln der Probanden/Teilnehmer zu reduzieren.

Die Teilnahme an medienwissenschaftlichen Untersuchungen erfolgt freiwillig (unbeschadet der Bestimmungen in Prüfungsordnungen, die grundsätzlich die Teilnahme an wissenschaftlichen Untersuchungen vorschreiben können). Die Probanden/Teilnehmer sind über alle Ziele, Einzelheiten, Belastungen und Risiken auf verständliche Weise zu informieren, die für ihre Teilnahmeentscheidung mutmaßlich von Bedeutung sind. Über verdeckte Beobachtung sind sie zu informieren. In den Ausnahmefällen, in denen eine vollständige Information vor der Versuchsdurchführung mit dieser nicht vereinbar ist, muss in besonderem Maße sichergestellt sein, dass den Probanden/Teilnehmern durch ihre Teilnahme kein Schaden entstehen kann. In diesem Fall sind die Probanden /Teilnehmer in allgemeiner Form über die mangelnde Aufklärung zu informieren. Nach Abschluss der Untersuchung sind sie aufzuklären. Gleiches gilt analog für die verdeckte Beobachtung. Im Falle nicht einwilligungsfähiger Personen ist die Einwilligung der gesetzlichen Vertreter einzuholen.

Handelt es sich bei den Probanden/Teilnehmern um Studierende oder um von den projektverantwortlichen Wissenschaftlern abhängige Personen, so sind diese verpflichtet sicherzustellen, dass diesen Teilnehmern aus einer Rücknahme ihrer Zustimmung zur Teilnahme vor bzw. während der Untersuchung keine schädlichen Konsequenzen erwachsen.

Wissenschaftlich tätige Angehörige der Freien Medienberufe setzen ihre Probanden/Teilnehmer keinen psychisch oder physisch schädigenden Einflüssen oder Gefährdungen aus. Versuche sind unverzüglich abzubrechen, wenn Probanden/Teilnehmer unerwartete Belastungsreaktionen zeigen. Treten unerwünschte Konsequenzen der Versuchsteilnahme auf, so hat der verantwortliche Forscher/die Forscherin diese zu beseitigen bzw. für ihre Beseitigung zu sorgen.

Wissenschaftlich tätige Angehörige der Freien Medienberufe sind auch verantwortlich für eine ethisch einwandfreie Ausführung der unter ihrer Supervision oder Kontrolle durch andere Personen ausgeführten Forschungsarbeiten am Menschen. Anderen an der Forschung beteiligten Personen dürfen nur solche Aufgaben übertragen werden, für die sie angemessen trainiert und vorbereitet wurden.

Wissenschaftliche Untersuchungen und Versuche in der Medienforschung sind nur in jeweils dazu geeigneten Einrichtungen, Institutionen bzw. Medienkontexten durchzuführen.

18. Umgang mit Daten

Medienforscher/innen dürfen nur nach vorheriger Einwilligung durch ihre Gesprächspartner Aufzeichnungen auf Bild- oder Tonträger erstellen oder Gespräche von einem Dritten mithören lassen. Aufzeichnungen jeder Art, insbesondere auf Datenträger, sind gegen unrechtmäßige Verwendung zu sichern. Urmaterialien und ihre Aufbereitung sind entsprechend den Festlegungen der Auftraggeber oder mindestens für 10 Jahre aufzubewahren.

19. Veröffentlichung von Forschungsergebnissen

Bei der Präsentation oder Publikation von Erkenntnissen aus der Medienforschung werden Einzelheiten der Theorien, Methoden und Forschungsdesigns, die für die Einschätzung der Forschungsergebnisse und der Grenzen ihrer Gültigkeit wichtig sind, mitgeteilt. Gedanken, Daten und Materialien, die wörtlich oder sinngemäß von einer veröffentlichten oder unveröffentlichten Arbeit anderer übernommen wurden, werden kenntlich gemacht.

Die Ergebnisse der Medienforschung sind der Fachöffentlichkeit zugänglich zu machen. Durch korrekte, vollständige und eindeutige Darstellung sind Fehlinterpretationen zu verhindern. Daten, über die Individuen identifizierbar sind, sind zu anonymisieren. Fachinterne Diskussion und Kritik sind der Entwicklung der Wissenschaft zuträglich und dürfen nicht verhindert werden.

Bei gemeinsamen Publikationen sind die wesentlichen Mitarbeiter explizit und deutlich zu beteiligen. Die Reihenfolge der Autoren sollte ihrem Leistungsbeitrag gerecht werden.

Medienforscher/innen, die in ihren veröffentlichten Daten nachträglich bedeutsame Fehler entdecken, sind verpflichtet, sinnvolle Schritte zu deren öffentlicher Korrektur, etwa durch ein Erratum oder durch andere angemessene Publikationsmaßnahmen zu ergreifen.

Medienforscher/innen, denen Planungsvorhaben, Ergebnisberichte oder sonstige unveröffentlichte wissenschaftliche Texte im Rahmen ihrer Tätigkeit als Gutachter/in für Publikationen, Forschungsanträge etc. zugänglich gemacht werden, sind verpflichtet, die Vertraulichkeit und die Autorenrechte derer, die diese Materialien eingereicht haben, zu wahren.

In der Forschung tätige Angehörige der Freien Medienberufe nennen in ihren Publikationen allfällige Finanzierungsquellen ihrer Forschung.

20. Lehre, Fort- und Weiterbildung

In der Lehre ist es Aufgabe der Kommunikationswissenschaftler und Medienforscher, den Lernenden den gegenwärtigen Stand der Wissenschaft in objektiver und verständlicher Weise nahe zu bringen. Persönliche Sichtweisen sind als solche kenntlich zu machen. Bei Ankündigung und Ausführung von Lehrveranstaltungen und öffentlichen Vorträgen ist darauf zu achten, dass keine falschen Erwartungen geweckt werden. In der Lehre tätige Medienforscher bewerten die Leistungen der Teilnehmer anhand relevanter, in den Ausbildungsprogrammen festgelegter Kriterien.

Angehörige der Freien Medienberufe, die in der Lehre tätig sind, sind sich der Besonderheit der Rollenbeziehung zwischen Lehrendem und Lernendem bewusst und nutzen diese nicht zu ihrem persönlichen Vorteil.

Die im Verlauf der Lehrtätigkeit über Studierende gewonnenen persönlichen Informationen sind mit gleicher Vertraulichkeit zu behandeln wie Informationen über Probanden/Teilnehmer.

In der Lehre tätige Medienforscher/innen werden die ihnen anvertrauten Studierenden nur insoweit dazu veranlassen, an Medienforschungsprojekten teilzunehmen, als dies im Rahmen von Ausbildung und Forschung erforderlich ist. In diesem Fall ist die besondere Verantwortung gegenüber Abhängigen als Probanden/Teilnehmer zu beachten.

Treten Mitarbeiter oder Studierende in die Funktion von Untersuchungsleitern, so ist unbeschadet ihrer eigenen Verantwortlichkeit Sorge zu tragen, dass ihr Handeln in Übereinstimmung mit diesen ethischen Grundsätzen steht.

Medienforscher/innen, die an Ausbildungsprogrammen gleich welcher Art in lehrender oder organisatorischer Funktion beteiligt sind, sind verpflichtet sicherzustellen, dass darüber veröffentlichte Informationen korrekt sind.

Kapitel 6

Neue Rollen für Medienforscher/innen

(New Assignments for Young Media Researchers)

Kapitel 6

Neue Rollen für Medienforscher/innen

(New Assignments for Young Media Researchers)

Zusammenfassung:
Dieses Kapitel soll zunächst einen Überblick über zentrale Veränderungen in der Medienwirtschaft und in der sogenannten Content-Produktion vermitteln. Anschließend wird versucht, das neue Berufsprofil des journalistischen Generalisten und die Arbeitsmarktlage insgesamt näher zu beleuchten. Abschließend werden Vorschläge zu neuen Forschungs- und Berufsmöglichkeiten durch anwendungsorientierte Forschungsprojekte auf europäischer und nationaler Ebene gegeben, wobei die besondere Bedeutung der Gründung von Auftragsforschungsinstituten als mittelständische Medienunternehmen hervorgehoben wird.

Schlüsselwörter:
Content-Produktion, Crossmedia, Online-Journalismus, Auftragsforschung, mittelständische Medienunternehmen

Abstract:
This chapter starts with a whole package of information on the media business: The major transformation processes in media industry, especially in the area of media content production are outlined. In the context of modern crossmedia production emerging new job profiles for highly qualified "generalists" are critically analysed. Finally, new job offerings and options in the area of applied research for young media researchers are discussed, especially focusing on the establishment of new small and medium sized-media enterprises.

Keywords:
Content production, crossmedia, online journalism, contract research, small and medium-sized media enterprise

Einleitung

Einen guten Startpunkt für dieses Kapitel bilden die Ergebnisse einer Studie von Wirth, Stämpfli, Böcking und Matthes von 2008, in der sie die beruflichen Strategien der aus den Medienstudiengängen hervorgehenden Doktoranden und Postdoktoranden im deutschsprachigen Raum analysierten. Ziel der Studie war es herauszufinden, welche Strategien die jungen Medienforscher als förderlich für die Berufung auf eine Professur bewerteten. Alle Befragten, so die Autoren, empfanden es als sehr belastend, dass ein sicheres Verbleiben im Wissenschaftssystem nur auf dem Wege einer Berufung gesichert werden konnte. Permanenter Stress, Selbstzweifel und große Unsicherheit sind die - die wissenschaftliche Kreativität auch hemmenden - psychologischen Folgen (vgl. Kapitel 2). Im Ergebnis zeigte sich: Anbindungen an ein Netzwerk (die sich auch in gemeinsamen Publikationen niederschlagen und daran nach außen erkennbar werden), wirken nach Meinung der Befragten Ruf-fördernd. Rascheres Publizieren kann durch Kontakte zu einflussreichen Fachvertretern gesichert werden. Publikationen (möglichst auch englischsprachige Publikationen) vor und nach der Promotion/Habilitation bleiben das A und O für eine erfolgreiche Universitätslaufbahn im Medienbereich. Gremienarbeit hingegen und das Schreiben von Drittmittelanträgen im Auftrag anderer wirken sich nach Meinung der Befragten kaum positiv aus. Insgesamt zeigen die Kriterien: Die „schnellen Laufbahnen" im Medienbereich, die bisher aufgrund des Auf- und Ausbaus von Medienstudiengängen möglich waren, basieren auf Voraussetzungen im Bereich der Nachwuchsförderung, wie sie in gut vernetzten, zumeist relativ großen Instituten gegeben sind.

In den kommenden Jahren, in denen die Mehrheit der Professoren/innen in den ausgebauten Medienstudiengängen noch sehr jung sein wird, wird ein rasches Nachrücken auf Professuren immer unwahrscheinlicher. Dann könnten Strategien wichtig werden, die nach Meinung von Wirth et al. (2008) gegenwärtig viel zu selten genutzt werden. Dazu gehört die unabhängige, selbständige Einwerbung von Drittmittelprojekten, ein Vorhaben, das die Deutsche Forschungsgemeinschaft (DFG) mit ihrer jüngsten Entscheidung zur Beschränkung der Anzahl benennbarer eigener Publikationen in Drittmittelanträgen erleichtert (vgl. Kapitel 2). Auch der European Research Council fördert durch seine Programme vorrangig die Antragstellung durch Nachwuchswissenschaftler (vgl. Kapitel 1).

Ebenfalls zu selten strategisch genutzt, das bestätigen auch die Ergebnisse der Dresdener Untersuchung (vgl. Kapitel 2 und 3), werden laut Wirth et al. (2008) Programme für Aufenthalte als Gastwissenschaftler an ausländischen Universitäten und das Forschen gemeinsam mit Wissenschaftlern aus dem nicht-deutschsprachigen Ausland. Obwohl viele Befragte wissen, dass solche Aktivitäten der wissenschaftlichen Laufbahn nützen, wird diese Erkenntnis selten umgesetzt. Gleiches gilt für die Wahrnehmung von Möglichkeiten, vakante Professuren vertretungsweise zu besetzen. Auch hier reagieren die meisten jungen Medienforscher/innen zögerlich. In beiden Fällen muss man davon ausgehen, wie in Kapitel 2 bereits erläutert, dass das Einspannen der Jungforscher in anforderungsreiche Forschungsprojekte, verknüpft mit zusätzlichen Verpflichtungen in der Lehre solche Ortswechsel erschwert bzw. nur möglich macht, wenn die Betroffenen bereit sind, ihre Arbeitsverträge aufs Spiel zu setzen. Hier gilt es neue Verhandlungsspielräume zu erkunden und auszubauen.

Schließlich ist zu bemängeln, - obwohl die Autoren/innen der Studie dies nicht tun - dass die Mehrheit der jungen Medienforscher einen verstärkten Praxisbezug und die Zusammenarbeit mit der Medienwirtschaft als Karrierestrategie als eher weniger nützlich bewerten. Zwar dürften sie damit in der aktuellen Situation von Fall zu Fall durchaus richtig liegen. Doch wird so im Zuge der raschen Verwissenschaftlichung der Medienfächer auch eine wichtige Tradition aufgegeben: Lehrstuhlinhaber von Zeitungswissenschafts- oder Publizistikprofessuren waren bis in die jüngste Vergangenheit häufig zugleich auch bekannte Publizisten und Herausgeber großer Tageszeitungen und Zeitschriften. Sozialwissenschaftlich orientierte Medienforscher führten erstmals das Modell des Praxis- und Gesellschafts-bezogen forschenden empirischen Wissenschaftlers in die Kommunikationswissenschaft ein. Seit den 70er Jahren des letzten Jahrhunderts finanzierten sie einen Teil ihrer wissenschaftlichen Arbeit mit Auftragsforschungsprojekten, die von der Medienwirtschaft, von Verbänden, Stiftungen und Ministerien vergeben wurden. Sich in solcher oder ähnlicher Weise systematisch mit der Medienwirtschaft zu vernetzen, kann für Kandidaten /innen, die jetzt eine wissenschaftliche Laufbahn starten wollen, wieder sehr wichtig werden.

In den nachfolgenden Abschnitten soll zunächst der Strukturwandel in der Medienwirtschaft und in den Medienberufen skizziert werden, - Hintergrundwissen, das für die Vernetzung mit der Berufspraxis ebenso einen notwendigen Einstieg bildet, wie für die Beantragung europäischer (anwendungsorientiert ausgerichteter) Forschungsprojekte. Bei den im Folgenden verwendeten Statistiken wird davon ausgegangen, dass die vorgestellten Zahlen für die Bundesrepublik Deutschland Entwicklungen aufzeigen, die im gesamten deutschsprachigen Raum in ähnlicher Weise ablaufen. Abschließend werden neue Chancen für junge Medienforscher in der europäischen Forschung und in der nationalen Medienwirtschaft aufgezeigt.

Zum Strukturwandel in den Medien

Der Strukturwandel in den Medien betrifft die Medienforschung unmittelbar, weil sich damit auch die zu untersuchenden Forschungsgegenstände und -fragestellungen ständig verändern. Der Zufluss vieler hochbegabter Forscher/innen und eine schnell wachsende Wissenschaftlergemeinschaft sind keine Garantie dafür, dass es gelingt, allen sich aus diesen Veränderungen ergebenden Forschungsaufgaben gerecht zu werden. Indem alle Kräfte auf diese Aufgabe konzentriert werden, bleibt häufig kaum Zeit, darüber zu spekulieren, worauf die Medienwirtschaft, die neuen Formen der Content-Produktion und der Wandel in den Medienberufen in den nächsten Jahren eigentlich zusteuert. Auch dieses Kapitel kann darüber keine abschließende Auskunft geben. Es kann lediglich Trends aufzeigen, die den Prozess zurzeit mitbestimmen.

„Preisverfall in Zeitlupe"

In einem Vortrag an der Columbia University im Juni 2010 legte Eli M. Noam, ein Finanzwissenschaftler und Direktor des Columbia Institute for Tele-Information eine wirtschaftliche Analyse aus US-amerikanischer Sicht vor, die - obwohl auf die deutschsprachigen Medienmärkte nicht eins zu eins übertragbar - wichtige Probleme in der Medienwirtschaft benennt. Die aktuelle Situation der Medienwirtschaft stellt sich wie folgt dar: Medieninformation ist in der Regel teuer zu produzieren und preiswert zu reproduzieren. Das gilt für viele Medienprodukte, für Filme, TV-Programme, Computersoftware, Elektronische Netzwerke, Tageszeitungen, Halbleiter etc. Hohen Fixkosten für qualifiziertes Personal etc. stehen niedrige Grenzkosten (Kostenzuwachs, der durch die Mehrproduktion einer Produktionseinheit entsteht) gegenüber. Fällt der Preis im Zuge des Wettbewerbs auf diese niedrigen Grenzkosten-Werte, kann nicht mehr kostendeckend produziert werden. Wie ist diese Situation in der Medienwirtschaft entstanden?

Als zentrale Ursachen lassen sich benennen: Vielen gilt Medieninformation heute als öffentliches Gut. Es kommt es häufig zu gemeinsamer Nutzung, d.h. die Zugangskontrolle ist schwierig zu realisieren. Gebühren zu erheben wird zunehmend zum Problem, ebenso wie der Schutz der Rechte an einem Produkt. Hinzu kommt: Aus verschiedenen Motiven werden Medienprodukte zurzeit häufig weggegeben, statt verkauft zu werden. Für Produkte auf dem amerikanischen Markt gilt inzwischen die 80-20-Regel: 80% aller Filme, Bücher, Musik etc. generieren nicht genügend Publikumsinteresse, um profitabel zu sein, d.h. bei Musik, Spielfilmen, TV-Serien, Büchern und Computerspielen gibt es hohe Misserfolgsraten von 80%. Für echte Gewinne in diesem Bereich gilt daher die 90-10-Regel, d.h. 90% aller Profite werden von 10% der Produkte erzeugt; 50% der Profite werden sogar nur von 1-2% der Produkte erzeugt. Der gegenwärtige Preiswettbewerb mit geringen Grenzkosten ist daher nur gut für die Konsumenten, jedoch nicht für die Anbieter. Der gesamte Wettbewerb auf dem Informationssektor (Musik, Zeitungen, Telekommunikationsdienste, Internet, Halbleiter etc.), so Noams kritische Schlussfolgerung, unterliegt derzeit einem gefährlichen „Preisverfall in Zeitlupe".

Die Produktion und Auswahl von Inhalten („Content") bilden das Kerngeschäft der Medienunternehmen, d.h. das, womit sie ihre Wertschöpfung erzielen. Die zunehmende Konvergenz in der Produktion sorgt dafür, dass die Produktion von Content insgesamt zunimmt - ein weiterer entscheidender Trend, der den Wettbewerb intensiviert und auf die Gewinne drückt. Auch der Konsum von Medienprodukten nimmt zu, jedoch nicht im gleichen Tempo und Umfang wie die Content-Produktion. Für die Medienunternehmen gilt daher seit Jahren die Devise: Sie müssen effizienter produzieren, innovativer sein, brauchen qualifizierteres Personal zu möglichst geringen Kosten und mehr Top-Talente.

Das Bild eines düsteren, nahezu ausweglosen Kreislaufs einer vormals hohe Gewinne und für die Medienschaffenden gute Einkommen sichernden Industrie, das Noam (2010) hier zeichnet, enthält vor allem die US-amerikanische Sicht der Dinge. Denn im Zuge des Strukturwandels in den Medien fällt es der größten Medienindustrie der Welt nicht mehr so leicht, nationale Märkte in Europa, Afrika und Asien zu erobern. Den Schlüssel zu dieser Entwicklung bildet die nationale Content-Produktion (s.u.). Vieles weist darauf hin, dass es insbesondere die *nationalen Medienmärkte* sind, die sich in jüngster Zeit neu und unabhängiger aufstellen.

Bewegung in der „World Pecking Order"

In einem Versuch der Bilanzierung der jüngsten Entwicklungen beschreibt Jeremy Tunstall (2008) die Lage der US-amerikanischen Medienwirtschaft auf dem internationalen Markt mit den Worten „U.S. mass media in decline". 1977 hatte derselbe Autor den vielbeachteten Band „The media are American: Anglo-American media in the world" veröffentlicht, in dem er die Vormachtstellung der amerikanischen Medien weltweit analysierte. Der neue Band mit dem Titel „The media *were* American" zeichnet nun ein deutlich anderes Bild: Demnach verwendet das Weltpublikum heute „nur" noch ca. 10% seiner Zeit auf die Nutzung von US-Medien; weitere 10% der Publikumszeit entfallen auf andere Medienimporte; insgesamt 80% der Nutzungszeit entfallen somit auf heimische, nationale Medien. In den Ländern, in denen heute 90% der Menschheit leben, so bilanziert Tunstall (2008) die neue Entwicklung, dominieren die nationalen Medien die Medienlandschaft. Zugleich hat sich auch die Situation in den USA verändert. In den letzten zwei Jahrzehnten, so Tunstall, haben sich die USA zu einem Medien*importeur* ersten Ranges entwickelt. Wie bei den meisten großen Nationen (z.B. China, Indien, Russland) entfallen nun auch in den USA ca. 10% der Publikumszeit bzw. der angebotenen Programme auf solche Medienimporte.

In Bezug auf den Import von Medien gelten für die anspruchsvollen und wohlhabenden Europäer allerdings immer noch besondere Regeln. So bildet Europa für Hollywood weiterhin den lukrativsten Markt für Spielfilmexporte, während die Mehrheit der inländisch in Europa produzierten Spielfilme und TV-Serien nie außerhalb des Herstellungslandes gezeigt werden. Immer noch gilt: Frankreich, Deutschland, Italien, Spanien und Großbritannien sind mit zwei Dritteln der europäischen Bevölkerung der führende Markt in der Welt für Hollywoodfilme und erfolgreiche amerikanische Fernseh-, Video- und Musikproduktionen. Zwei Drittel der Spielfilmproduktionen, die in diesen Ländern aufgeführt werden, kommen aus den USA.

Allerdings, so Tunstall, handelt es sich in Bezug auf Europa hier nicht (mehr) um einen scheinbar unumkehrbaren Prozess. Es gibt vielmehr deutliche Anzeichen dafür, dass sich kombinierte Formen Euro-Amerikanischer Medien zu weltweit führenden Content-Anbietern entwickeln. Ursache dafür sind Verflechtungen der Medienindustrie, die die Unterscheidung zwischen amerikanischen Medien und Euro-Amerikanischen Medien erschweren. Im Sinne einer Bilanzierung „Europa oder Amerika: Wer gewinnt?", kommt Tunstall zu dem Ergebnis, dass Amerika seine Vormachtstellung an der Spitze der „World Pecking Order" zwar immer noch halten kann, die Position der amerikanischen Produzenten jedoch nicht mehr so unangefochten ist wie bisher (vgl. Abb. 6.1).

Abb. 6.1: „Europa oder Amerika: Wer gewinnt?" (vgl. Tunstall, 2008)

	USA	Europa
Nachrichtenagenturen, tagesaktuelle Nachrichten		Europa mit mehreren großen Nachrichten- agenturen im Vergleich zu Associated Press in den USA
Nachrichtenbereich, nicht tagesaktuell	Nachrichtenmagazine, Wirt- schaftsmagazine, Dokumen- tarfilme auf Discovery und anderen Kanälen	
Sportberichterstattung		Europa führend, vor allem durch die popu- lärste Sportart weltweit: Fußball
Spielfilme	Hollywood führend	
TV-Serien (scripted)	Führend bei Serien mit Script, vor allem in den Bereichen Drama-Fiction, Sitcom, Serien mit 20-25 Folgen pro Jahr	
TV-Serien (unscripted) improvisiert; hier gab es einen Austausch, insbe- sondere durch den Einkauf erfolgreicher Formate für Talkshows, Spielshows, Reality Shows	Europa und USA gleichauf!	
Öffentlicher Rundfunk		In Europa stark
Radio	Europa und USA gleichauf!	
Kabelfernsehen	USA führend	
Populäre Musik	USA führend	
Internet	Immer noch USA-dominiert, Europa holt auf	
Werbung	USA führend, Europa holt auf	
Zeitschriften	Europa und USA gleichauf!	
Bücher	Europa publiziert mehr neue Titel, die USA sind führend bei den Bestsellern	
Tageszeitungen	Europa und USA gleichauf!	
Marktforschung	Europa und USA gleichauf!	

Beispiel Deutschland: Beschäftigungszahlen & Tätigkeitsfelder in Bewegung

Zwischen 700 000 und 750 000 sozialversicherungsrechtlich Beschäftigte (ohne Werbewirtschaft und Public Relations) sind nach Angaben von Flasdick, Goertz, Krämer und Michel (2009) derzeit in der deutschen Medienwirtschaft tätig. Hinzu kommt die große Zahl all diejenigen, die die Statistik der Bundesagentur für Arbeit nicht erfasst, weil sie als freie Mitarbeiter tätig sind (hohe Selbständigenquote). Die Erfahrung zeigt, dass ökonomische und technologische Trends in der Medienwirtschaft mit kurzer zeitlicher Verzögerung auch ihren Niederschlag auf dem Arbeitsmarkt finden. So lässt sich vermuten, dass der Wunsch nach mehr Flexibilität beim Personal in den letzten Jahren zu einer Abnahme der Beschäftigungsverhältnisse im Anstellungsbereich, zu mehr freien Tätigkeiten und zu längeren Praktikumszeiten geführt hat. Ohnehin übt jeder zweite (von dieser Statistik nicht erfasste) freie Journalist zusätzlich Tätigkeiten in angrenzenden Branchen aus und schafft sich so ein zweites Standbein, wie Erhebungen der Journalistenverbände zeigen. Bevorzugt geschieht dies in den Bereichen Werbung/Public Relations, sowie im Bereich Kunst und Wissenschaft. Der Anteil an (von der Statistik der Bundesagentur nicht erfassten) Freiberuflern zu Festangestellten liegt bei den Journalisten etwa bei einem Drittel zu zwei Drittel (vgl. Flasdick et al., 2009).

Um die Branchenentwicklung statistisch zu fassen, bieten sich die Beschäftigtenzahlen der Bundesanstalt für Arbeit an. Die absoluten Zahlen der sozialversicherungspflichtig Beschäftigten (ohne Selbständige, ohne Arbeitslose) lassen sich aus diesen Statistiken allerdings nur noch schwer ermitteln, da die Bundesagentur in dem Bemühen, die Veränderungen in der Medienwirtschaft genauer zu erfassen einige Kategorien im Jahr 2007 verändert hat. Die Angaben zur Gesamtzahl stützen sich daher auf Flasdick et al. (2009) und enden mit dem Jahr 2007. Ohnehin ist die Bestimmung der Gesamtzahl der Beschäftigten davon abhängig, wie man Medienberufe definiert. Deshalb führt Tabelle 6.2 nur diejenigen Kategorien auf, die über den Verlauf von 10 Jahren (1999-2009) konstant geblieben sind bzw. sicher rekonstruiert werden konnten. Aus diesen Einzelstatistiken lässt sich dennoch vieles ablesen: Bedenkt man, welche Faktoren auf diesen Wirtschaftszweig in der letzten Dekade eingewirkt haben (zeitweilig stark rückläufige Werbeausgaben, Prozesse der Marktbereinigung bei der Internetökonomie; Einbrüche in der Telekommunikationsbranche; Prozesse crossmedialer Integration), so erstaunt die relative Stabilität, die diese Zahlen signalisieren. Bewegungen in den Zahlen gab es vor allem in der Boomphase von 2001 bis 2003, als die Gesamtzahl der sozialversicherungspflichtig Beschäftigten zeitweilig die Marke von 800 000 Personen überschritt.

Zu den Kerntätigkeiten (Printmedienbereich getrennt, s. Tabelle 6.3), die unverändert geblieben sind, gehören die Kategorien „Werbung" und „Publizisten". Die große Kategorie „Herstellung, Verleih, Vertrieb etc." wurde für die Jahre 2008 und 2009 aus verschiedenen Kategorien rekonstruiert.

Tabelle 6.2: Entwicklung der Anzahl sozialversicherungspflichtig Beschäftigter in der deutschen Medienwirtschaft (1999-2009; Bundesagentur für Arbeit, 2009) - ausgewählte Wirtschaftsbereiche bzw. Berufe

Dezember /Jahr	Herstellung, Verleih, Vertrieb v. Filmen & TV-Programmen, Kinos, Tonstudios & Musikverlage, Hörfunk- & Fernsehveranstalter	Werbung	Publizisten (d.h. Journalisten, Redakteure, Moderatoren & Sprecher (Hörfunk & TV), Schriftsteller, Dramaturgen, Lektoren etc.)	Gesamtzahl der in der Medienwirtschaft Beschäftigten (laut Flasdick et al., 2009; nur von 1999-2007)
1999	90 293	103 174	56 884	739 389
2000	94 978	119 156	60 615	799 340
2001	98 733	122 952	62 920	834 271
2002	97 508	114 506	61 621	825 788
2003	94 910	105 385	60 078	781 436
2004	94 289	103 040	59 971	754 269
2005	92 415	102 070	60 439	733 713
2006	93 160	104 585	61 420	729 730
2007	94 229	109 787	64 136	725 753
2008	91 362	108 439	66 125	
2009	91 414	103 579	65 822	

Für den Printmedienbereich (einschließlich Herstellung von Druckerzeugnissen) wurden bei der Erstellung der Statistik ebenso die Kategorien ab 2007 rekonstruiert, um die Entwicklung über die gesamte Dekade aufzeigen zu können (vgl. Tabelle 6.3).

Tabelle 6.3: Entwicklung der Anzahl sozialversicherungspflichtig Beschäftigter in der deutschen Medienwirtschaft (1999-2009; Bundesagentur für Arbeit, 2009) - Printmedienbereich insgesamt, d.h. Verlagswesen plus Herstellung Druckerzeugnisse

Dezember /Jahr	Verlagswesen, ab 2008 Softwarebereich getrennt erhoben (Zahlenkolonne rechts)		Herstellung Drucker-zeugnisse	Vervielfältigung von bespielten Ton- und Da-tenträgern	Gesamtzahl Beschäftigter
1999	161 467		225 636	4 139	391 242
2000	165 989		224 969	4 733	395 691
2001	166 528		219 053	4 477	390 058
2002	157 228		206 462	4 482	368 172
2003	147 536		191 863	4 481	343 880
2004	143 505		183 539	4 513	331 557
2005	138 378		178 439	4 865	321 682
2006	138 066		174 730	4 898	317 694
2007	136 675		174 335	3 728	314 738
2008	133 443	10 633	172 388	3 695	320 159
2009	128 750	14 334	162 884	3 303	309 271

Betrachtet man die Zahlen im Detail, so liegt der Verlust an sozialversiche-rungspflichtigen Arbeitsplätzen im Bereich der Printmedien zwischen 1999 und 2009 bei über 20%, ein Ergebnis, das auf den massiven Stellenabbau im Ver-lagswesen und im Druckgewerbe in dieser Zeitspanne zurückzuführen ist. Die Zahl der in der Produktion, im Verleih und im Vertrieb Tätigen im Filmwesen, beim Fernsehen, bei den Musikverlagen und bei den Rundfunkanstalten fällt nach einem kurzen Boom zwischen 2001 und 2003 überwiegend auf die Aus-gangswerte von 1999 zurück. Im Bereich Werbung erholt sich die Beschäftig-tenzahl ausgehend von einem Tief um das Jahr 2000 zügig, um dann ebenfalls wieder auf die Ausgangszahlen von 1999 abzusinken. Die Anzahl der Publizis-ten, d.h. der Content produzierenden, besonders qualifizierten Arbeitskräfte, - das ist bemerkenswert und wichtig - steigt hingegen über den gesamten Zeit-raum kontinuierlich um insgesamt 15,7% in der Zeit zwischen 1999 und 2009 an.

> **Fazit: Hochqualifizierte Content-Produzenten sind auf den nationalen Märkten immer gesucht!** Auftragsbezogene Schwankungen und die strukturellen Veränderungen in der Medienwirtschaft (Printmedienbereich) einkalkulierend kann man davon ausgehen, dass hochqualifizierte Beschäftigte, die vorrangig in der Content-Produktion tätig sind, in der Medienwirtschaft auch künftig einen relativ schwankungsfreien, sich positiv entwickelnden Arbeitsmarkt vorfinden werden.

Wandel in der Content-Produktion

Flasdick, Goertz, Krämer und Michel (2009) führten eine Befragung von Branchenexperten durch und ermittelten als zentrale Trends in der Content-bezogenen Medienproduktion die Zunahme von „Crossmedia" und ein Mehr an bewegten Bildern. Die klassischen Aufgaben der Content-Produktion (Erstellung/Redaktion eigener Texte; Redaktion der Texte von Mitarbeitern/Kollegen; Redaktion von Pressetexten; Recherche inhouse; Aktualisierung bestehender Inhalte; Textauswahl) erfahren unter den Bedingungen der Digitalisierung, der Medienkonvergenz und wachsenden wirtschaftlichen Drucks einen grundlegenden Wandel. „Crossmedia" ist hier das zentrale Stichwort. Die IT-gestützten Werkzeuge der Content-Produzenten ermöglichen die Herstellung sehr verschiedener Produkte im gleichen Haus von den gleichen Mitarbeitern. Eine wachsende Zahl von Aufgaben kommt so auf immer weniger Personen zu.

In die Content-produzierenden Unternehmen steigen neue Mitarbeiter in der Regel über ein Studium und ein Volontariat/Praktikum ein. Während Techniker und Gestalter meist ihr Aufgabenprofil beibehalten, übernehmen die klassischen Journalisten auch gestalterische und technische Aufgaben, woraus folgt, dass Content-Produzenten sich kontinuierlich weiterbilden müssen. Übereinstimmend beschreiben alle Experten, dass die Medienunternehmen bevorzugt *journalistische Generalisten* mit einer guten Technikkompetenz suchen. Für die langlebigen Produkte mit hohem journalistischen Niveau sucht man akademisch ausgebildetes Personal, bei Serienprodukten greift die Branche auch gerne auf dual ausgebildete Fachkräfte zurück (vgl. Flasdick et al., 2009; Helmreich, 2008; Raittila & Olin, 2005).

Von der Produktion von Online-Inhalten geht eine besondere Dynamik aus, die praktisch alle Tätigkeiten und Abläufe in der Content-Produktion eines Medienunternehmens oder einer Rundfunkanstalt beeinflusst und neu strukturiert. Das „Multi-Medium Internet" (Quandt & Schweiger, 2008) braucht multimedial

denkende Journalisten, wobei mit Blick auf die Zunahme crossmedialer Pro-
duktionsformen und die Erstellung multimedialer Dossiers als Arbeitsroutine im
TV-Bereich ausgebildete, „Bild"-erfahrene TV-Journalisten und TV-Redakteure
für diese neuen Aufgaben zurzeit am besten gerüstet sein dürften. Der qualifizierte „Multimediaredakteur" kann den Erfolg des publizistischen Online-Ange-
bots allerdings nicht allein durch sein Tätigwerden garantieren. Vielmehr gilt es,
so Quandt und Schweiger (2008, S. 232), „die Glaubwürdigkeit im Gesamtan-
gebot aller Disziplinen zur wahren und beständig zu mehren". Diese Kontext-
gebundene Glaubwürdigkeit ist nach Auffassung der Autoren die Voraussetzung
dafür, dass Onlinejournalismus eine positive Zukunft hat.

Helmreich (2008) beschreibt am Beispiel der Abläufe beim Bayerischen
Rundfunk anschaulich die Erstellung multimedialer Dossiers: So gelten dabei
„die gleichen Arbeitsschritte wie für die Erstellung von Artikeln in Redaktions-
diensten", wobei jedoch die Vernetzung zwischen Radio und TV, multimediale
Ergänzungen und Interaktivität in den Dossiers ein neues Gewicht erhalten. Bei
Themen, die vom Radio und Fernsehen ständig aktuell fortgeschrieben werden,
gilt: „Hier kommt es darauf an, die gesicherten Erkenntnisse gut strukturiert
dauerhaft verfügbar zu machen, die wesentliche Audio- und Videobeiträge in
ihrer aktuell gültigen Version zum Abruf vorzuhalten und die aktuelle Entwicklung stets einzubauen. Neben den externen Nutzern kommt dies auch allen
Autoren im Haus zugute, die kurzfristig in einen solchen Themenkomplex ein-
steigen müssen und hier eine gute Recherchegrundlage vorfinden." (Helmreich,
2008, S. 234)

In der Praxis hat sich in den Redaktionen eine neue Arbeitsteilung ergeben,
die Helmreich folgendermaßen skizziert: „Diese Dossiers können in der Regel
nicht im aktuellen Redaktionsdienst produziert werden. Lediglich die notwendigen Aktualisierungen erfolgen in den Schichtdiensten. Eine besonders intensive
Zusammenarbeit mit den Redakteuren und Autoren der jeweiligen Fachredakti-
onen ist hier selbstverständlich und erfordert auch von den Multimediaredakteu-
ren oft ein hohes Maß an Fachwissen und spezifischer Einarbeitung. Da Online
ganz anders rezipiert wird als Radio und Fernsehen, stellt es eine besondere
Herausforderung für den Multimediaredakteur dar, Aspekte, die medienbedingt
in Radio und Fernsehen nur am Rande behandelt werden, nachzuschärfen und
auszubauen." (Helmreich, 2008, S. 234-235)

Insgesamt, nimmt man die neuen Hybridmedien hinzu (z.B. Verbreitung
von Printprodukten über mobile Technologie), verändern die Abläufe in der
modernen Content-Produktion langfristig Tätigkeiten und Berufsbilder im gesamten Tätigkeitsfeld. Neue Skills sind nicht nur in Bezug auf das Bildver-
ständnis und die flexibleren Arbeitsabläufe erforderlich. Auf einen einfachen

Nenner bringt der BBC-Journalist Tim Weber die neuen Anforderungen (s. Kasten):

Fazit: „Hört auf in Programmen zu denken! Es geht um Inhalte und auf welcher Plattform man sie am besten präsentiert!"
„Den Hörern, Zuschauern, Nutzern, kurz unserem Publikum, wird es weitestgehend egal sein, ob wir uns künftig als Onliner, Radio- oder Fernsehmacher definieren. Auf unterschiedlichsten Endgeräten werden sie unsere Inhalte empfangen können. Ob linear oder fragmentiert, ob zu Hause oder mobil, über Handy, iPod, Laptop oder TV-Gerät, es wird einzig auf die Verfügbarkeit, Attraktivität und Qualität unserer Inhalte ankommen. Unverzichtbar sind dafür: gute Journalisten, die möglichst multimedial arbeiten können." (Tim Weber, Leiter einer trimedialen Redaktion der BBC, zit. n. Helmreich, 2008, S. 236).

Emerging Professions: Neue Berufsprofile werden sichtbar

Die Diskussion der Frage, wie die Vertreter einzelner Medienberufe, allen voran der Beruf des Journalisten/der Journalistin, qualifiziert sein sollen, wird in regelmäßigen Abständen neu aufgelegt und löst meist intensive Reaktionen aus. Klassisch abgehandelt findet sie sich zum Beispiel in einem Zeitungsartikel von Esslinger vom Juni 2009 in der *Süddeutschen Zeitung*: Der Autor vertritt hartnäckig den Standpunkt, das Universitätsfach Journalistik sei ein „Leerfach". Im Konzert der Möglichkeiten, sich an Universitäten für diesen Medienberuf auszubilden, seien die „diversen Medienstudiengänge" der schlechteste Weg und die Studienzeit im Grunde „vergeudete Zeit". Esslinger empfiehlt, Fachwissen zu erwerben, z.b. über Studiengänge wie Biologie, Volkswirtschaftslehre etc., und in diesen Fächern einen Bachelor- und Masterabschluss zu erwerben, um anschließend eine Journalistenschule oder ein Volontariat zu absolvieren (vgl. Esslinger, 2009). Vertreter der Medienstudiengänge und Studierende reagierten auf diesen Vorschlag mit Hinweisen auf die umfangreichen „Fachwissen"-Komponenten und das Volontariat ersetzenden, systematischen Praxisphasen, die in die neuen Studiengänge integriert sind.
Tatsächlich erscheint diese Diskussion, betrachtet man die Ausrichtung, die die Strukturveränderungen in der Medienwirtschaft annehmen, fast schon von den gegenwärtigen Entwicklungen überholt zu sein. Auch die Betrachtung tra-

ditionsreicher, in ihren Kernaufgaben kaum veränderbarer Kommunikationsberufe, wie sie sich in der detailreichen und sehr informativen Studie von
Hömberg (2010) niederschlägt, mutet aus diesem Blickwinkel fast unwirklich
an. Hömberg beschreibt in seinem Buch „Lektor im Buchverlag. Repräsentative
Studie über einen unbekannten Kommunikationsberuf" eine Berufsgruppe, die
sich zu zwei Dritteln aus Frauen zusammensetzt (Alter: durchschnittlich Anfang
40; überwiegend unbefristet im Anstellungsverhältnis tätig). 70% der Lekto-
ren/innen verfügen über ein abgeschlossenes Hochschulstudium, jede/r Fünfte
hat promoviert, und zwar überwiegend in sprach- und literaturwissenschaftli-
chen Fächern. Trotz einer häufiger nicht leistungsgerechten Bezahlung, so fan-
den Hömberg und seine Mitstreiter/innen heraus, ist die Mehrheit der Lekto-
ren/innen mit dem Beruf zufrieden und schätzt ihn (vgl. Hömberg, 2010).

Esslinger wie Hömberg beschreiben Tätigkeitsfelder (Tageszeitung, Buchverlage), die trotz vieler struktureller Veränderungen auf den ersten Blick noch
seltsam unberührt erscheinen von den neuen Anforderungen und Denkweisen.
Bilden Zeitungen und Buchverlage künftig „Tätigkeitsnischen" der Medienwirtschaft, in denen traditionelle Ideale (akademischer) Medienberufe in Zeiten der
„Content-Produktion" bewahrt werden? Oder sind Konzepte wie die des „Mul-
timediaredakteurs" und des „journalistischen Generalisten" lediglich eine Zeit-
erscheinung, die mit der Konsolidierung der gegenwärtigen Veränderungen in
der Medienwirtschaft wieder an Kraft verlieren wird? Handelt es sich also um
grundlegende Prozesse der Herausbildung neuer Medienberufe, die neben vorhandenen, wichtigen Berufsbildern eine eigenständige, komplementäre Statur
gewinnen? Und wie könnten diese neuen Berufsbilder aussehen?

Zunächst einmal ist festzuhalten, dass es ganz unwahrscheinlich ist, dass
eine moderne demokratische Gesellschaft im Rahmen des Auf- und Ausbaus
moderner Medienstudiengänge eine Investition tätigt, die nachgerade in der
Berufspraxis völlig fehlgeht! Mit der Errichtung neuer, vielfältig ausgerichteter
Studiengänge im Fach werden große Anstrengungen unternommen, die Medi-
enmacher von morgen für ihre wichtigen Aufgaben in den modernen Medienge-
sellschaften optimal auszubilden. Zu keiner Zeit wurde so viel Kapital (einschließlich Humankapital) in diese Aufgaben investiert! Aus den vorangestell-
ten Informationen und Daten lässt sich herauslesen, dass diese Ausbildungen für
verantwortungsvolle Aufgaben in der Medienwirtschaft durchaus richtig ange-
legt sind. Allerdings gilt es noch auszuhandeln, wie die neuen akademischen
Medienberufe in der Medienwirtschaft ihrer Leistung und ihrer Ausbildung
entsprechend in Bezug auf die Aufgaben und ihr Einkommen zu verankern sind.

Ein Tätigkeitsmerkmal, das im Zuge von Modernisierungs- und Restruktu-
rierungsprozessen - und hier sei der journalistische Beruf erneut als Beispiel
gewählt - gefährdet ist, das jedoch das Tätigwerden Freier akademischer Medi-

enberufe begründet, ist die Eigenverantwortlichkeit im Beruf, der nicht nur im Interesse des Arbeitgebers/Klienten, sondern auch im Interesse der Allgemeinheit auszuüben ist. Altmeppen, Donges und Engels (1999) beschrieben als eine der ersten im Rahmen einer Analyse von Transformationsprozessen im Journalismus die diesbezüglich negativen Folgen für die journalistische Arbeit: Es werden journalistische Basisqualifikationen für andere Programmanforderungen benutzt, d.h. primär journalistische Qualifikationen werden verdrängt durch andere Qualifikationen. Zugleich entsteht ein hoher Koordinationsaufwand in den Redaktionen und etwas, was die Autoren als Vakuum, als „unausgefüllten Raum bei der Definition des redaktionellen Zieles" beschreiben. „In vielen Fällen muss die Aussagenproduktion textuell und situationsgebunden koordiniert und ausgehandelt werden, da Themenwahl wie Themenbearbeitung nicht eindeutig festgelegt sind. Kommunikative und organisierende Kompetenzen, die sogenannten extrafunktionalen Merkmale, gewinnen damit in den Redaktionen ein außergewöhnlich hohes Gewicht, denn über sie werden Veröffentlichungsentscheidungen vielfach erst herbeigeführt." (vgl. Altmeppen, Donges & Engels, 1999, S. 272)

Die wichtige Rolle der Medien für die demokratischen Gesellschaften begründet die aufwendige universitäre Ausbildung von Personal für verantwortliche und anspruchsvolle Positionen. Insofern greifen die Analysen und Diskussionen zu den „neuen Wissensberufen" bzw. den „wissensintensiven Berufen" , - Wissen, losgelöst von der handelnden Person, betrachtet als auf der Basis von kontinuierlicher Wissensarbeit zu pflegende Ressource - die zur Mitte dieses Jahrzehnts angestoßen wurden und weitgehend ergebnislos endeten, zu kurz (vgl. Hall, 2007; Kurtz, 2005). Auch Tim Webers (BBC) Aufforderung an seine Redaktion, allein in Inhalten zu denken, und für diese den „bestmöglichen" Kontext, die bestmögliche mediale Plattform zu suchen, wurde vor dem Hintergrund einer Medienlandschaft (Großbritannien) formuliert, die keine unabhängige universitäre Medienausbildung kennt (vgl. Schorr, 2003), und in der die Medienschaffenden vielfach eng angepasst an die Standards der jeweiligen Medienorganisation tätig werden (im günstigen Fall die BBC: hohe journalistische Standards, gute interne Ausbildung).

Welche Schlussfolgerungen lassen sich aus diesen Entwicklungen ziehen? Welche der gegenwärtig erkennbaren Veränderungen in den Tätigkeiten der Medienschaffenden sind wirklich nachhaltig? Wie können die akademischen Medienberufe sich positionieren? Erkennbar ist, darin sind sich viele Experten einig, dass die Medienunternehmen zunehmend Absolventen mit dualer Ausbildung oder medienbezogenen Universitätsabschlüssen einstellen und nur noch selten auf Quereinsteiger mit oder ohne Hochschulabschluss zurückgreifen (vgl. Flasdick et al., 2009; Hall, 2007; Raittila & Olin, 2005).Während Bozena

Mierzejewska vom Medienmanagement Institut der Universität St. Gallen in ihrem Vortrag „Media workers - the invaluable resource" an der Columbia University im Juni 2010 noch das Fehlen von Forschung zur Rolle des Humankapitals auf dem Mediensektor beklagt, liefern Pentti Raittila und Nina Olin (2005) zur Frage der Skills, über die die neuen Medienberufe verfügen sollten, bereits einige konstruktive Hinweise. Als kreative Ökonomie, so Raittila und Olin, kann die Medienwirtschaft für sich in Anspruch nehmen, nach besonderen Regeln zu arbeiten. Die kreativen Content-Produzenten heutiger Zeit, so stellen sie fest, brauchen viele (auch technische) Skills und können zunehmend seltener auf Berufsgruppen zurückgreifen, die ihre Arbeit bisher unterstützt haben. Die durch die Digitalisierung beförderte Verbreitung gleicher Inhalte über verschiedene Medien verlangt mehr Kooperation zwischen den Medienunternehmen und eine engere editorische Kooperation zwischen den Verantwortlichen für die verschiedenen Publikationskanäle. Für die großen ebenso wie für die mittelständischen Medienunternehmen gilt daher: Wichtig sind Teamwork, projektbezogenes Arbeiten und flache Strukturen. Ungleich vieler anderer Experten, die überwiegend den Content-Bereich „Information" in ihren Analysen berücksichtigen, sehen Raittlia und Olin die Relevanz dieser Veränderungen ebenso für den gesamten Unterhaltungsbereich plus der angrenzenden, zum Teil damit eng verknüpften „Experience Industry" (gemeint sind die Spieleindustrie, Museen, touristische/sportliche Attraktionen etc., mit einem Wort „industries that deliver experiences"; Raittila & Olin, 2005). In deutlich höherem Maße brauchen die neuen, universitär ausgebildeten Medienberufe, die auch Raittila und Olin in der Rolle von „Generalisten" beschreiben, also berufliche Kenntnisse und Fertigkeiten, die sich auf bestimmte Bereiche beziehen (s. Fazit im Kasten).

Solche Fähigkeiten- und Skills-Profile lassen sich natürlich auch auf Medienberufe und Tätigkeitsfelder übertragen, die nicht unter die noch sehr vage und möglicherweise nur übergangsweise gültige Kategorie der „Generalisten" in der Content-Produktion fallen. Generell ist davon auszugehen, dass erfolgreiche Professionalisierungsstrategien der neuen, universitär ausgebildeten Medienberufe nicht nur der Medienwirtschaft innovative Impulse geben können, sondern sich auch positiv auf die Arbeitswelt aller Medienschaffenden auswirken werden. Wer als Medienforscher/Medienforscherin in der Praxis tätig werden will, muss ein Verständnis dafür entwickeln, in welcher Etappe des Umbruchs sich die Medienorganisation befindet, in der man forschen möchte. Für Auftragsforschung bzw. Forschung im Feld stellen nicht nur die sich kontinuierlich verändernden „Forschungsgegenstände" ein Problem dar. Es gilt auch verstärkt Rücksicht zu nehmen auf sensible Bereiche, die die dort tätigen Medienschaffenden betreffen. Medienforscher, die einen Umstieg in die Berufspraxis planen, sollten rechtzeitig versuchen, das eigene Fähigkeitsprofil durch Fortbildungen (zu Management-Skills, im Bereich Fremdsprachen etc.), die ja z.T. auch an den Universitäten angeboten werden, zu ergänzen.

Wichtige Fähigkeiten für die neuen akademischen Medienberufe
Dazu gehören: Ein Verständnis bezüglich der Arbeitsabläufe (Arbeiten für verschiedene Medien und Publikationskanäle, Verstehen der Wertschöpfungskette der Medienindustrie insgesamt); Kenntnisse wirtschaftlicher Zusammenhänge (Verstehen der Bedürfnisse der Klienten und deren wirtschaftlicher Interessen, Verstehen der verschiedenen Konsumenten-Gruppen und der Marktstruktur, unternehmerische Kenntnisse, wirtschaftliche Skills); technologische und IT-Kenntnisse und die Beherrschung der relevanten Software. Zusätzlich persönliche Fähigkeiten wie eine ausgeprägte Befähigung zu Teamwork; kreative Fertigkeiten im verbalen und visuellen Ausdruck plus der Befähigung in diesem Bereich innovativ zu sein; Befähigung zur Projektarbeit; Führungsfähigkeit; die Bereitschaft zu lebenslangem Lernen (Raittila & Olin, 2005).

Berufliche Chancen für Medienforscher/innen

Die beruflichen Chancen sozialwissenschaftlich ausgebildeter Medienforscher, die Studiengänge in der Kommunikationswissenschaft, Journalistik etc. absolviert haben, sind außerhalb der Universitäten durchaus gut. Viele junge Forscher zögern, den „großen Plan" von einer Universitätslaufbahn aufzugeben und sich auf eine Tätigkeit in der Berufspraxis einzustellen. Hier sollte ein Einstellungswandel stattfinden: Tatsächlich muss in einem solchen Fall über eine lange Zeit hinweg gar keine Entscheidung für oder gegen die Hochschullaufbahn gefällt werden. Bereits in den entscheidenden Qualifizierungsphasen sollte man nicht darauf verzichten, sich mit anwendungsorientierter Forschung zu befassen und Kontakte zur Medienwirtschaft zu knüpfen. Denn dieser Weg hat viel zu bieten, - nicht zuletzt auch neue Forschungsmöglichkeiten.

Dazu konkret einige Anregungen: An erster Stelle bei den Forschungsmöglichkeiten zu praktischen Fragestellungen sind die Programme im Rahmen des 7. Rahmenprogramms der EU zu nennen (http://cordis.europa.eu). Unter der Rubrik „Research Openings" finden sich Stellenangebote für die Angewandte Forschung und Angebote für gutachterliche Tätigkeiten, - beides gute Einstiege in internationale Projekte. Darüber hinaus sollten interessierte Nachwuchswissenschaftler die bereits in Kapitel 1 kurz vorgestellten EU-Programme gründlich studieren. Häufig wird dort im Rahmen von stark anwendungsorientierten Fragestellungen darauf hingewiesen, dass man sich neue Forschungsanträge wünscht, an denen auch mittelständische Unternehmen („small and medium-sized enterprises") partizipieren. Viele Anträge scheitern an der Nichteinhaltung dieser Regel! Hier ist es wichtig zu wissen, dass auch ein aus der Universität ausgelagertes Auftragsforschungsinstitut ein mittelständisches Unternehmen darstellt. Es müssen nicht immer Unternehmen aus der Medienwirtschaft oder aus der Wirtschaft generell sein, die man zur Teilnahme an einem internationalen Forschungskonsortium im Rahmen von EU-Projektvorhaben beizieht. Auftragsforschungsinstitute als mittelständische Medienunternehmen, gegründet als Ausgründungen der Universitäten oder auf der Basis kollegialer Zusammenschlüsse, können zugleich auch die Basis für eine neue Karriere in der Medienwirtschaft bilden.

Ein weiterer Hinweis, der helfen kann, europäische Forschungsmittel erfolgreich einzuwerben, macht sich die Erkenntnis zu Eigen, dass in fast jedem internationalen Forschungsantrag (auch) eine Kommunikationsfragestellung enthalten ist. Es lohnt sich also durchaus, die zuständige Abteilung für Forschungsförderung an der eigenen Universität aufzusuchen und nachzufragen, wer derzeit an einem solchen EU-Antrag schreibt, und zu diesen Teams Kontakt aufzunehmen. Das Interdisziplinaritätsgebot in der EU-Forschung kann es für die internationalen Forschungsteams durchaus angeraten erscheinen lassen, eine solche „unaufwendige", sich ganz natürlich ergebende Ergänzung des Konsortiums vorzunehmen. Tatsächlich ist es häufig eine Bereicherung und erhöht die Professionalität des Vorhabens, wenn solche Projekte durch eine passende Kommunikationsfragestellung ergänzt werden.

Angewandte Forschung auf nationaler Ebene kann direkt oder indirekt über öffentliche Mittel gefördert werden oder durch direkte Auftragsvergabe aus der Medienindustrie zustande kommen. Die Landesmedienanstalten können beispielsweise Auftraggeber solcher Untersuchungen sein. Als Aufsichtsbehörden für private Radio- und Fernsehprogramme und Telemedien werden sie zum Großteil über die Rundfunkgebühren finanziert. Die Sicherung der Meinungsvielfalt im Bereich des privaten Rundfunks, die Verfolgung von Verstößen gegen Werberichtlinien und Werbegesetze, gegen das Jugendschutzgesetz etc. sind ihre vorrangigen Aufgaben. Zusätzlich obliegt ihnen die Förderung von Medienkompetenz. Zu all diesen Themen können die Landesmedienanstalten Forschungsaufträge vergeben. Forschungsmittel, die von den Länderministerien zu Medienfragestellungen zur Verfügung gestellt werden, sind meist mit sehr konkreten Aufträgen verbunden. Hier lohnt es sich, sich zu neuen Vorhaben und

Aufträgen regelmäßig benachrichtigen zu lassen (über den Bezug von Newslettern etc.).

Ein weiterer Zugang zu Auftragsforschungsprojekten erschließt sich über das Thema „Evaluation" (z.b. Evaluation von TV-Programmen). Öffentlich-rechtlichen Rundfunkanstalten ebenso wie private Medienanbieter haben regelmäßig Bedarf daran, ihre Produkte zu evaluieren. Für eine Auftragsvergabe aus der Medienindustrie ist es günstig, wenn man sich vor Ort in einer der fünf wichtigsten Medienstädte, in denen 60% aller Medienarbeitsplätze angesiedelt sind, aufhält und dort gezielt Kontakte aufbaut. Die Tätigkeitsschwerpunkte, in denen Auftragsforschungsprojekte eingeworben werden können, sind: Hamburg: Verlage und Werbung; Berlin: Film; München: Fernsehen, Software, Elektronik; Köln: Fernsehen, Hörfunk; Frankfurt am Main: Werbung, Mediaplanung.

Jungen Medienforschern, die sich dazu entschlossen haben, eine praktische Tätigkeit in der Medienwirtschaft aufzunehmen und auf längere Sicht ganz in die Berufspraxis zu wechseln, ist zu empfehlen, zunächst zweigleisig zu fahren und über Auftragsforschung oder andere einschlägige Tätigkeiten (z.B. durch Öffentlichkeitsarbeit für die eigene Hochschulabteilung, den eigenen Arbeitsbereich; bei Medienmessen und wichtigen Events der Medienwirtschaft) Kontakte aufzubauen und zu pflegen. In dieser Phase kann es auch bereits sinnvoll sein, einen Presseausweis zu beantragen, zu dessen Erwerb der Abschluss eines Medienstudiums bei entsprechender Tätigkeit berechtigt (vgl. die Aufnahmerichtlinien der Verbände, u.a. des DJV, von Freelens, des VDS, der Dienstleistungsgewerkschaft Ver.di).

Mehrjährige, nachweisbare Tätigkeiten in der Berufspraxis sind nützlich, wenn man eine Fachhochschulprofessur anstrebt. Ein solches Ziel, die Professur, über die praktische Tätigkeit nicht aus den Augen zu verlieren, stellt dabei die größte Schwierigkeit dar. Auch hier können universitätsnahe Auftragsforschung und Tätigkeiten im Bereich der Markt- und Meinungsforschung eine Brücke bilden. Aber auch ohne ein solches Rückkehr-Ziel lohnt sich für gut ausgebildete Medienforscher/innen ein Umstieg in die Medienwirtschaft. Sehr gefragt sind Medienschaffende mit sozialwissenschaftlichen Profil in der Markt- und Meinungsforschung. Aber auch in den Bereichen Public Relations & Unternehmensberatung sowie in der Werbewirtschaft haben sie überdurchschnittlich gute Berufsaussichten.

Fazit: Gute Berufsaussichten für Medienforscher/innen

Der Arbeitsmarkt für Medienforscher/innen ist komplex strukturiert, bietet jedoch viele positive Möglichkeiten, innerhalb und außerhalb des Hochschulsystems spannende und interessante Aufgaben zu übernehmen und erfolgreich tätig zu werden. Die größte Hemmschwelle stellt die wachsende Komplexität der Strukturen dar, mit der junge Wissenschaftler im Hochschulbereich und in der Medienwirtschaft konfrontiert sind. Deshalb ist es wichtig, von sich aus - allein oder gemeinsam mit anderen - aktiv zu werden. Nur intensives Befassen, Kontaktpflege und hartnäckiges Suchen nach Information - allesamt Grundtugenden der modernen Medienberufe - helfen hier weiter.

Kapitel 7

Instrumente zur Evaluation und Selbstevaluation des wissenschaftlichen Umfeldes

(Evaluation and Self-Evaluation of the Scientific Work Environment – Questionnaires)

Kapitel 7

Instrumente zur Evaluation und Selbstevaluation des wissenschaftlichen Umfeldes

(Evaluation and Self-Evaluation of the Scientific Work Environment – Questionnaires)

Zusammenfassung:
In diesem Kapitel werden die ins Deutsche übersetzten Versionen des University-Level Environment Questionnaire (ULEQ) und der Mentoring-Intensitätsskala (MMS) vorgestellt und ihre Anwendung erläutert.

Schlüsselwörter: University-Level Environment Questionnaire (ULEQ); Mentoring-Intensitätsskala (MMS); Evaluation; Selbst-Evaluation

Abstract:
In this chapter the Germany versions of the University-Level Environment Questionnaire (ULEQ) and the Mentoring Intensity Scale (MMS) are explained and presented ready for use.

Keywords: University-Level Environment Questionnaire (ULEQ); Mentoring-Intensitätsskala (MMS); evaluation; self-evaluation

Einleitung

Die auch in der Dresdener Studie verwendeten zwei Fragebögen zum Arbeitsumfeld an den Universitäten und in der Wissenschaft allgemein sind der University-Level Environment Questionnaire (ULEQ) von Dorman (1999a, 1999b, 2000a, 2000b) und die Mentoring-Intensitätsskala (My Mentor Scale; MMS) von Rose (1999). Beide Skalen sind testtheoretisch gut abgesichert und dazu geeignet, im persönlichen Einzel- oder Gruppentest (z.B. zur individuellen und vergleichenden Exploration im Forschungsteam, im engeren Arbeitsumfeld, im

Graduiertenkolleg) und zur institutionellen Evaluation ganzer Forschungsabteilungen, Institute, Fachbereiche oder Universitäten verwendet zu werden. Dormans Fragebogen zur Erfassung des universitären Arbeitsklimas besteht aus sieben gleich langen Einzelskalen, auf denen jeweils Werte zwischen 6 und 30 Punkten erzielt werden können. Die Mentoring-Skala von Rose ist eindimensional; zwischen 9 und 45 Punkte können erzielt werden.

Der "University-Level Environment Questionnaire" (ULEQ) - Ein multidimensionales Befragungsinstrument zur Evaluation von Bildungseinrichtungen

Die Entwicklung des ULEQ steht in einer Tradition wissenschaftlich-systematischer Evaluation von Lernumwelten auf der Ebene von Colleges und Universitäten weltweit. Die zwei bekanntesten Instrumente wurden bereits in den 60er Jahren entwickelt: Die *College and University Environment Scales (CUES)* bestehen in ihrer aktuellsten Version aus 160 Items und erfassen die Dimensionen Practicality, Community, Awareness, Propriety, Scholarship, Campus Morale, Quality of Teaching und Faculty-Student Relationships (Stern, 1970). Der *Institutional Functioning Inventory (IFI)* besteht aus 132 Items und erfasst die Dimensionen Intellectual-Aesthetic Curriculum, Freedom, Human Diversity, Concern for Improvement in Society, Concern for Undergraduate Learning, Democratic Governance, Meeting Local Needs, Self-Study and Planning, Concern for Advanced Knowledge, Concern for Innovation und Institutional Esprit (vgl. Peterson, Centra, Hartnett & Linn, 1983). Die Skalenbenennung atmet in beiden Fällen noch ganz die Bildungs- und Universitätskultur des ausgehenden 20. Jahrhunderts. Dorman kommt das Verdienst zu, diesen Ansatz unter Berücksichtigung heutiger Bildungsziele innoviert zu haben. Dabei hat er ein deutlich kürzeres, ökonomischer anwendbares Instrument mit gleich langen Skalen entwickelt, von dem es auch noch eine weitere Kurzversion (mit je 4 Items pro Skala) gibt, die sich im Falle einer vergleichenden Analyse größerer Organisationsstrukturen noch ökonomischer anwenden und auswerten lässt (erhältlich beim Autor; j.dorman@mcauley.acu.edu.au!). Dorman empfiehlt den ULEQ als eine Bewertungskomponente bei der Evaluation der Qualität von Universitäten. Auch einzelne Fakultäten können den Fragebogen als diagnostisches Instrument einsetzen. Der Anwendung sollte die systematische Planung und Umsetzung von Interventionsstrategien folgen, sowie idealerweise eine weitere Anwendung im Sinne einer Erfolgs- bzw. Veränderungsmessung.

In diesem Zusammenhang merkt Viebahn (2004) allerdings kritisch an, dass der Evaluationsansatz von Dorman keine konkreten Hinweise darauf gibt, welchen

Einfluss die festgestellten Hochschulmerkmale auf das Verhalten und das Befinden von Lehrenden und Studierenden ausüben. Der ULEQ verschafft lediglich einen Eindruck von der gegebenen Situation und sollte daher laut Empfehlung von Viebahn (2004) im Kontext weiterer Evaluationsinstrumente zum Einsatz kommen.

Die Mentoring-Intensitätsskala "My Mentor Scale" (MMS) - Ein Instrument zur Erfassung positiver Mentor-Eigenschaften

Die Skala von Rose (1999) baut auf Vorarbeiten zahlreicher Autoren auf - beispielhaft sei hier nur die 65 Items umfassende Mentoring-Skala von Wilde und Schau (1991) genannt. Diese Instrumente wurden überwiegend bei Doktoranden eingesetzt. Die von Rose entwickelte Skala umfasst immerhin noch 34 Items und misst die Dimensionen Integrity, Guidance und Relationship. Rose hat ihre Skala ganz bewusst als ein Instrument konzipiert, das die Befragten auffordert, den „idealen Mentor" zu beschreiben. Auf diese Weise sollten auf empirischem Wege Einblicke in die Erwartungshaltung der Doktoranden gewonnen werden. Sie entwickelte zusätzlich eine Kurzskala, die auf den Eigenschaften beruht, die die Befragten in drei Stichproben, die an verschiedenen Universitäten erhoben wurden, als bedeutsamste Mentoring-Eigenschaften nannten. Diese Kurzskala wurde in der Dresdener Studie als *Mentoring-Intensitätsskala* verwendet. Dabei stand allerdings nun die Evaluation der erlebten Mentoring-Eigenschaften bezogen auf eine konkrete Person im Vordergrund, und nicht die Beschreibung von Wunschmerkmalen, wodurch sich die inhaltliche Ausrichtung des Instruments verändert hat.

Anhang 1: Der „University-Level Environment Questionnaire" (ULEQ) - Deutsche Fassung plus Auswertungshinweis

---

University-Level Environment Questionnaire (ULEQ)

Instruktion

In diesem Fragebogen geht es um die Qualität des Lernumfeldes, das Ihre Universität bietet. Zu den einzelnen Fragen wird Ihre persönliche Meinung erbeten. Sie sollen die nachfolgenden Aussagen zu Ihrer Universität bewerten. Bitte beantworten Sie die Fragen, indem Sie die passende Zahl, die den Bewertungsstufen „trifft gar nicht" (1) bis „trifft voll zu" (5) zugeordnet ist, eindeutig markieren.

	trifft gar nicht zu			trifft voll zu	
(1) Die Studierenden können ihre Meinung zu wissenschaftlichen Fragen frei äußern.	1	2	3	4	5
(2) Außerhalb der Hörsäle gibt es kaum Kontakte zwischen den Dozenten und den Studenten.	1	2	3	4	5
(3) Die meisten Mitglieder der Fakultät haben in den letzten zwei bis drei Jahren wissenschaftliche Aufsätze oder Bücher publiziert.	1	2	3	4	5
(4) Ich bin autorisiert Entscheidungen zu treffen.	1	2	3	4	5
(5) Seitens der Kollegen erfahre ich Ermutigung.	1	2	3	4	5
(6) Die Struktur dieser Universität ist ein Spiegel ihrer Zielsetzungen.	1	2	3	4	5
(7) Auf das wissenschaftliche Personal wird konstant ausgeübt mehr zu arbeiten.	1	2	3	4	5
(8) Personen, die in der Öffentlichkeit kontrovers diskutiert werden, dürfen nicht vor den Studierenden auftreten.	1	2	3	4	5

	trifft gar nicht zu			trifft voll zu	
(9) Die Dozenten lernen die meisten Studierenden bereits in den Veranstaltungen des Bachelor-Studiums kennen.	1	2	3	4	5
(10)In meiner Fakultät gibt es eine ganze Reihe von Wissenschaftlern, deren Verträge primär Forschungsverpflichtungen anstelle von Lehre enthalten.	1	2	3	4	5
(11)Selbst bei den geringsten Anlässen muss ich ein vorgesetztes Mitglied der Fakultät einschalten.	1	2	3	4	5
(12)Ich fühle mich von anderen Wissenschaftlern akzeptiert.	1	2	3	4	5
(13)Die Dozenten verweisen häufig auf das universitäre Leitbild, wenn es um Themen geht, die die Universität betreffen.	1	2	3	4	5
(14)Um ihre Aufgaben zu erfüllen, müssen die Dozenten häufig Überstunden machen.	1	2	3	4	5
(15)Die Vertretung exzentrischer Überzeugungen und unpopulärer Auffassungen durch Mitglieder des Lehrkörpers und Studierende wird von den Leitungsgremien nicht gerne gesehen.	1	2	3	4	5
(16)Die meisten Dozenten verwenden kaum Zeit darauf, mit den Studierenden über ihre persönlichen Interessen und Sorgen zu sprechen.	1	2	3	4	5
(18)An Entscheidungen über administrative Grundsätze und Abläufe werde ich beteiligt.	1	2	3	4	5
(19)Von anderen Wissenschaftlern werde ich ignoriert.	1	2	3	4	5

	trifft gar nicht zu				trifft voll zu
(20)Die Art und Weise, wie diese Universität funktioniert, stimmt mit ihren Zielsetzungen überein.	1	2	3	4	5
(21)An dieser Universität muss sich das wissenschaftliche Personal nicht besonders anstrengen.	1	2	3	4	5
(22)Mitglieder der Fakultät können selbst radikale politische Ansichten in ihrer Lehre offen äußern.	1	2	3	4	5
(23)Die Mitglieder der Fakultät reagieren verständnisvoll auf die Interessenlagen, Bedürfnisse und Hoffnungen der Bachelor-Studierenden.	1	2	3	4	5
(24)Nur sehr wenige Dozenten verfügen aufgrund ihrer wissenschaftlichen Leistungen über eine hohe Reputation national oder international.	1	2	3	4	5
(25)Ich werde dazu ermutigt, auch ohne Rücksprache mit vorgesetzten Fakultätsmitgliedern Entscheidungen zu treffen.	1	2	3	4	5
(26)Ich kann mich auf die Hilfe meiner Kollegen verlassen, wenn Not am Mann/an der Frau ist.	1	2	3	4	5
(27)Meine Meinungen zum zentralen Leitbild der Universität stimmen weitgehend mit denen anderer Fakultätsmitglieder überein.	1	2	3	4	5
(28)Den Wissenschaftlern bleibt keine Zeit zu entspannen.	1	2	3	4	5
(29)Die Studierenden werden ermutigt, die wissenschaftliche Arbeit zu kritisieren.	1	2	3	4	5

	trifft gar nicht zu			trifft voll zu	
(30)Die Dozenten sind daran interessiert, den Studierenden dabei zu helfen, wie man lernt.	1	2	3	4	5
(31)Die älteren Mitglieder der Fakultät betrachten Forschung nicht als zentrale institutionelle Aufgabe.	1	2	3	4	5
(32)Auf die Art und Weise, wie die Universität geführt wird, habe ich nur wenig Einfluss.	1	2	3	4	5
(33)Meine Kollegen beachten meine wissenschaftlichen Sichtweisen und Meinungen.	1	2	3	4	5
(34)Die Dozenten stimmen bezüglich der allgemeinen Ziele der Universität überein.	1	2	3	4	5
(35)Für die Wissenschaftler ist es schwer, ihr Arbeitspensum zu erfüllen.	1	2	3	4	5
(36)Die Mitglieder der Fakultät und die Studierenden dürfen über jedes Thema diskutieren.	1	2	3	4	5
(37)Bei der Einstellung neuer Wissenschaftler wird ebenso stark auf die Lehrbefähigung geachtet wie auf die Forschungsleistung.	1	2	3	4	5
(38)Die Fakultäten halten regelmäßig Veranstaltungen ab, bei denen die Fakultätsmitglieder oder Gastdozenten Forschungsarbeiten diskutieren.	1	2	3	4	5
(39)Meine Vorgesetzten behandeln mich autoritär.	1	2	3	4	5
(40) Ich habe an dieser Universität unter meinen Kollegen viele Freunde.	1	2	3	4	5

	trifft gar nicht zu				trifft voll zu
(41)Das Leitbild der Universität und die damit verbundenen Ziele haben die Wissenschaftler verinnerlicht.	1	2	3	4	5
(42)Den Dozenten bleibt genügend Zeit, wissenschaftliche Fragen mit ihren Kollegen informell zu besprechen.	1	2	3	4	5

Tabelle 7.1:
Zusammensetzung der ULEQ-Skalen (Gesamt: 42 – 210 Punkte; Einzelskalen: 6 – 30 Punkte)

Skala *Forschungsorientierung* (Concern for Research and Scholarship): 3, 10, 17, 24 (reverse), 31 (reverse), 38. Die Fragen 24 und 31 wurden in Gegenrichtung formuliert. Die Werte sind daher umzukehren.
Skala *Lehrorientierung* (Concern for Undergraduate Learning): 2 (reverse), 9, 16 (reverse), 23, 30, 41.
Skala *Ziele-Konsens* (Mission Consensus): 6, 13, 20, 27, 34, 41.
Skala *Akademische Freiheit* (Academic Freedom): 1, 8 (reverse), 15 (reverse), 22, 29, 36.
Skala *Selbstverantwortlichkeit* (Empowerment): 4, 11 (reverse), 18, 25, 32 (reverse), 39 (reverse).
Skala *Zugehörigkeit und Kollegiale Unterstützung* (Affiliation): 5, 12, 19 (reverse), 26, 33, 40.
Skala *Leistungsdruck* (Work Pressure): 7, 14, 21 (reverse), 28, 35, 42 (reverse).

Anhang 2: Die "My Mentor Scale" (MMS) - Deutsche Version plus Auswertungshinweise

My Mentor Scale
(MMS)
Skala zur Messung der Mentoring-Intensität

Dieser Fragebogen betrifft die Person, die in Ihrer wissenschaftlichen Laufbahn für Sie am wichtigsten ist bzw. war. Bitte beantworten Sie jede der nachfolgenden Fragen. Sie sind aufgefordert, Ihre Einschätzung abzugeben zu einer Reihe von Aussagen zur Qualität des Mentoring-Verhaltens dieser Person.

Für den Fall, dass Sie keinen (einzelnen, wichtigen) solchen Mentor/keine solche Mentorin hatten, beantworten Sie bitte nur die erste Frage. Gab bzw. gibt es in Ihrer wissenschaftlichen Laufbahn einen solchen Mentor/eine Mentorin, dann beantworten Sie die Fragen, indem Sie die passende Zahl, die den Bewertungsstufen „trifft auf ihn/sie in keiner Weise zu" (1) bis „beschreibt ihn/sie sehr gut" (5) zugeordnet ist, eindeutig markieren.

Gibt es eine einzelne besonders wichtige Person in Ihrem Leben, die derzeit/früher als Mentor/Mentorin in Ihrer wissenschaftlichen Karriere aktiv ist/war? O Ja   O Nein

Falls Sie diese Frage mit "Ja" beantwortet haben, bitte bewerten Sie folgende Aussagen ...

Mein Mentor/meine Mentorin ...	trifft auf ihn/ sie nicht zu			beschreibt ihn/ sie sehr gut	
1) kommuniziert(e) offen, klar und effektiv.	1	2	3	4	5
2) ging/geht mit Forschungsdaten in ethisch einwandfreier Form um.	1	2	3	4	5
3) war/ist stets erreichbar, um mit mir wissenschaftliche Probleme zu besprechen.	1	2	3	4	5
4) gab/gibt mir ehrliches Feedback (gutes und schlechtes Feedback) zu meiner Arbeit.	1	2	3	4	5
5) hat mich herausgefordert/fordert mich heraus, alternative Lösungen zu einem Problem zu erkunden.	1	2	3	4	5
6) war/ist in seinem/ihren Spezialgebiet ausgewiesen.	1	2	3	4	5
7) war/ist immer zuverlässig, etwas durchzuziehen, wenn er/sie eine Zusage gemacht hat.	1	2	3	4	5
8) äußert(e) sich überzeugt von meinen Fähigkeiten.	1	2	3	4	5
9) verfügt(e) über ein hohes Maß an intellektueller Neugier.	1	2	3	4	5

Die Auswertung der MMS beispielsweise bei den Mitgliedern eines Graduiertenkollegs o.ä. erfolgt bei Gruppenuntersuchungen durch Bildung eines einfachen Summenwerts. Im Falle der individuellen Anwendung empfiehlt sich eine
Analyse des Mentoring-Profils vor dem Hintergrund der in Kapitel 3 diskutierten Literatur zum akademischen Mentoring.

Literaturverzeichnis

Altmeppen, K.-D., Donges, P. & Engels, K. (1999). *Transformation des Journalismus. Journalistischen Qualifikationen im privaten Rundfunk am Beispiel norddeutscher Sender.* Berlin: Vistas Verlag.

Anderson, M. S., Horn, A. S., Risbey, K. R., Ronning, E. A., De Vries, R. & Martinson, B. C. (2007). What do mentoring and training in the responsible conduct of research have to do with scientists' misbehavior? Findings from a national survey of NIH-funded scientists. *Academic Medicine, 82*(9), 853-860.

Appel, M. L. & Dahlgren, L. G. (2003). Swedish doctoral students' experiences towards a PhD: obstacles and opportunities inside and outside the academic building. *Scandinavian Journal of Educational Research, 47*(1), 89-110.

Arnold, A.-K. (2007). Ehre, wem Ehre gebührt. *Aviso, 45*(4), 6-7.

Baum, A. (2010). Deutscher Presserat. In Schicha, C. & Brosda, C. (Hrsg.), *Handbuch Medienethik* (S. 187-216). Wiesbaden: VS Verlag für Sozialwissenschaften.

Bearman, S., Blake-Beard, S., Hunt, L. & Crosby, F. J. (2007). New directions in mentoring. In T. D. Allen & T. L. Eby (Eds.), *The Blackwell handbook of mentoring: A multiple perspectives approach* (S. 375-395). Malden, MA, US: Blackwell Publishing.

Bentele, G. (1992). Ethik der Public Relations als wissenschaftliche Herausforderung. In H. Avenarius & W. Ambrecht (Hrsg.), *Ist Public Relations eine Wissenschaft* (S. 151-167). Opladen: Westdeutscher Verlag.

Bergermann, U. (2007). Media mainstreaming? Zur Debatte um das Papier des Wissenschaftsrats zur Forschung und Lehre in den Kommunikations- und Medienwissenschaften. *Medienwissenschaft, 4*, 390-399.

Berka, W. (1992). Rechtsnormen und publizistische Verantwortung. Zur Legalität und Moralität in Österreich. In M. Haller & H. Holzhey (Hrsg.), *Medien-Ethik. Beschreibungen, Analysen, Konzepte für den deutschsprachigen Journalismus* (S. 256-271). Opladen: Westdeutscher Verlag.

Branahl, U. (1992). Recht und Moral im Journalismus. Der Beitrag des Rechts zur Förderung von „gutem" beruflichen Verhalten des Journalisten in der Bundesrepublik Deutschland. In M. Haller & H. Holzhey (Hrsg.), *Medien-Ethik. Beschreibungen, Analysen, Konzepte für den deutschsprachigen Journalismus* (S. 224-241). Opladen: Westdeutscher Verlag.

Brosda, C. & Schicha, C. (2010). Einleitung. In Schicha, C. & Brosda, C. (Hrsg.), *Handbuch Medienethik* (S. 9-17). Wiesbaden: VS Verlag für Sozialwissenschaften.

Brosius, H.-B. & Haas, A. (2009). Auf dem Weg zur Normalwissenschaft. Themen und Herkunft der Beiträge in „Publizistik" und „Medien & Kommunikationswissenschaft". *Publizistik, 54*, 168-190.

Brosius, H.-B., Koschel, F. & Haas, A. (Hrsg.) (2009). *Methoden der empirischen Kommunikationsforschung. Eine Einführung.* Wiesbaden: VS Verlag für Sozialwissenschaften.

Chow, K. (2008). Place attachment and place identity: First-year undergraduates making the transition from home to university. *Journal of Environmental Psychology, 28*(4), 362-372.

Cloutier-Fisher, D. & Harvey, J. (2009). Home beyond the house: Experiences of place in an evolving retirement community. *Journal of Environmental Psychology, 29*(2), 246-255.

Cortina, J. M. (1993). What is coefficient alpha? An examination of theory and applications. *Journal of Applied Psychology, 78*, 98-104.

De Janasz, S. C. & Sullivan, S. E. (2004). Multiple mentoring in academe: Developing the professorial network. *Journal of Vocational Behavior, 64*(2), 263-283.

Delgado-Moreira, J. M. (1997). Cultural citizenship and the creation of European identity. *Electronic Journal of Sociology, 2*(3).

Deneke, J. F. V. (2008). Freie Berufe - Herausforderungen an die Wissenschaft. In J. Merz (Hrsg.), *Freie Berufe - Einkommen und Steuern. Beiträge aus Wissenschaft, Praxis und Politik* (S. 17-27). Baden-Baden: Nomos.

Deutscher Presserat (2008). Publizistische Grundsätze (Pressekodex). Richtlinien für die publizistische Arbeit nach den Empfehlungen des Deutschen Presserats, in der Fassung vom 03.12.08 [www.presserat.info].

Döveling, K. (2010). Internationalität muss sich lohnen. Wo stehen wir? Wo wollen wir hin? *Aviso, 50*(1), 19.

Donsbach, W. (2006). The identity of communication research. *Journal of Communication, 56*, 437-448.

Donsbach, W. (2007). Entweder - oder. *Aviso, 45*(4), 7.

Dorman, J. P. (1999a). The development of an instrument to assess institutional-level environment in universities. Vortrag, gehalten auf der Jahrestagung der American Educational Research Association, Montreal, Canada.

Dorman, J. P. (1999b). The development and validation of an instrument to assess institutional-level environment in universities. *Learning Environments Research, 1*, 333-352.

Dorman, J. P. (2000a). Using academics' perceptions of university environment to distinguish between Australian universities. *Educational Studies, 26*(2), 205-212.

Dorman, J. P. (2000b). Associations among university-level psychosocial environment and outcomes in Australian universities. Unveröffentlichter Forschungsbericht, School of Education, Australian Catholic University.

Dorman, J. P. (2000c). Validation and use of a short form of the university-level environment questionnaire. *Queensland Journal of Educational Research, 16*(1), 31-55.

Eilders, C. & Lichtenstein, D. (2010). Diskursive Konstruktionen von Europa. Eine Integration von Öffentlichkeits- und Identitätsforschung. *Medien und Kommunikationswissenschaft, 58*(2), 190-207.

Esslinger, D. (2009). Journalistik, ein Leerfach. *Süddeutsche Zeitung*, Rubrik Karriere,16.08.2009.

Estel, B. (2002). *Nation und nationale Identität.* Wiesbaden: Westdeutscher Verlag.

European Commission (2008). Eurobarometer 68. Die öffentliche Meinung in der Europäischen Union. [http://europa.eu.int/comm/public_opinion/index_en.htm]

Fiedler, K. (2009). Publikationsverhalten in der Psychologie. In Alexander von Humboldt-Stiftung (Hrsg.), *Publikationsverhalten in unterschiedlichen wissenschaftlichen Disziplinen. Beiträge zur Beurteilung von Forschungsleistungen.* Bonn, 2. erw. Aufl. 12/2009.

Flasdick, J., Goertz, L., Krämer, H. & Michel, L. P. (2009). *Strukturwandel in Medienberufen. Neue Profile in der Content-Produktion. Schriftenreihe des Bundesinstituts für Berufliche Bildung.* Bielefeld: Bertelsmann Verlag.

Forehand, R. L. (2008). The art and science of mentoring in psychology: A necessary practice to ensure our future. *American Psychologist, 63*(8), 744-755.

Fuhrer, U. & Kaiser, F. G. (1992). Bindung an das Zuhause: Die emotionalen Ursachen. *Zeitschrift für Sozialpsychologie, 23*(2), 105-118.

Fuß, D. (2006). Exklusiv versus inklusiv? Einstellungen gegenüber Fremden im Kontext nationaler und europäischer Identität. *Zeitschrift für Soziologie, 26*(1), 69-85.

Gibson, S. Social psychological studies of national identity: A literature review. Download, http://www.sociology.ed.ac.uk/youth/docs/Gibsons_lit_rev.pdf (3. Februar 2010).

Glaser, H. A. (2010). Das Milliarden-Dollar-Ding. Vom Nutzen australischer Universitäten. *Forschung & Lehre, 17*(5), 326-328.

Gnambs, T. & Batinic, B. (2007). Qualitative Online-Forschung. In G. Naderer & E. Balzer (Hrsg.), *Qualitative Marktforschung in Theorie und Praxis. Grundlagen, Methoden, und Anwendungen* (S. 343-362). Wiesbaden: Gabler Verlag.

Göritz, A. S. (2007). Using online panels in psychological research. In A. N. Joinson, K. Y. A. McKenna, T. Postmes & U.-D. Reips (Hrsg.), *The Oxford handbook of internet psychology* (S. 473-485). Oxford: Oxford University Press.

Gustafson, P. (2009). Mobility and territorial belonging. *Environment and Behavior, 41*(4), 490-508.

Hall, A. (2007). *Tätigkeiten und berufliche Anforderungen in wissensintensiven Berufen. Gutachten im Rahmen der Berichterstattung zur technologischen Leistungsfähigkeit Deutschlands. Studien zum deutschen Innovationssystem, Nr. 3-2007.* Bonn: Bundesinstitut für Berufliche Bildung.

Haller, M. & Holzhey, H. (1992). Die Frage nach einer Medien-Ethik. In M. Haller & H. Holzhey (Hrsg.), *Medien-Ethik. Beschreibungen, Analysen, Konzepte für den deutschsprachigen Journalismus* (S. 11-19). Opladen: Westdeutscher Verlag.

Hardege, S. (2008). *Freie Berufe in Deutschland. Bestandsaufnahme und Reformoptionen.* Köln: Deutscher Instituts-Verlag.

Helmreich, H. (2008). Spezialist oder Eier legende Wollmilchsau? In R. Quandt & W. Schweiger (Hrsg.), *Journalismus online – Partizipation oder Profession (S. 233-236)?* Wiesbaden: VS Verlag für Sozialwissenschaften.

Herrmann, R. K., Risse, T. & Brewer, M. B. (2004). *Transnational Identities. Becoming European in the EU.* Lanham, MD: Rowman & Littlefield.

Hömberg, W. & Hackel-de Latour, R. (2005). *Studienführer Journalismus, Medien, Kommunikation.* Konstanz: UVK.

Hömberg, W. (2010). Lektor im Buchverlag. *Repräsentative Studie über einen unbekannten Kommunikationsberuf.* Konstanz: UVK.

Institut zur Förderung des publizistischen Nachwuchses und Deutscher Presserat (Hrsg.) (2005). *Ethik im Redaktionsalltag.* Konstanz: UVK.

Jamieson, L., Wallace, C., Condor, S., Boehnke, K., Ros, M., Grad, H., Machacek, L. & Bianchi, G. (2005). Orientations of young men and women to citizenship and European identity. Final Report, February 2005 (Volltext als pdf-Datei). European Science Foundation, Project No. SERD-2000-00260.

Jarren, G. (2007). Das Votum hört man gern. *Aviso, 45*(4), 7-8.

Kaiser, F. (1993). *Mobilität als Wohnproblem: Ortsbindung im Licht der emotionalen Regulation*. Bern: Lang Verlag.

Kammeyer-Mueller, J. D. & Judge, T. A. (2008). A quantitative review of mentoring research: Test of a model. *Journal of Vocational Behavior, 72*, 269-283.

Kang, T. (2009). Homeland re-territorialized: Revisiting the role of geographical places in the formation of diasporic identity in the digital age. *Information, Communication & Society, 12*(3), 326-343.

Kingston, M. (2003). Diary of a webdiarist: Ethics goes online. In C. Lumby & E. Probyn (Hrsg.), *Remote control. New media, new ethics* (S. 11-24). Cambridge: Cambridge University Press.

Knauft, R. & Schaar, R. (2009). *Besteuerung von Medienberufen. Steuern und Sozialversicherung bei Künstlern*. Wiesbaden: Gabler Verlag.

Krotz, F. (2007). Voneinander lernen. *Aviso, 45*(4), 8.

Krotz, F. (2010). Zivilgesellschaft und Stiftung Medientest. In Schicha, C. & Brosda, C. (Hrsg.), *Handbuch Medienethik* (S. 244-253). Wiesbaden: VS Verlag für Sozialwissenschaften.

Kurtz, T. (2005). Das professionelle Handeln und die neuen Wissensberufe. In M. Pfadenhaure (Hrsg.), *Professionelles Handeln* (S. 243-252). Wiesbaden: VS Verlag für Sozialwissenschaften.

Langenbucher, W. R. (2004). Auf dem Wege zur Kommunikationsunion - Lernziel Europajournalismus. In K. Neubert & H. Scherer (Hrsg.), *Die Zukunft der Kommunikationsberufe. Ausbildung, Berufsfelder, Arbeitsweisen* (S. 287-299). Konstanz: UVK.

Löblich, M. (2007). German Publizistikwissenschaft and its shift from a humanistic to an empirical social scientific discipline: Elisabeth Noelle-Neumann, Emil Dovifat and the Publizistik Debate. *European Journal of Communication, 22*(1), 69-88.

Löblich, M. (2010). *Die empirisch-sozialwissenschaftliche Wende in der Publizistik- und Zeitungswissenschaft.* Köln: Halem Verlag.

Lumby, C. (2003). Real appeal: The ethics of reality TV. In C. Lumby & E. Probyn (Hrsg.), *Remote control. New media, new ethics* (S. 11-24). Cambridge: Cambridge University Press.

Max-Planck-Gesellschaft (2010). Hinweise und Regeln der Max-Planck-Gesellschaft zum verantwortlichen Umgang mit Forschungsfreiheit und Forschungsrisiken. [www.mpg.de]

Mierzejewska, B. I. Media workers - the invaluable resource. Vortrag, gehalten am 11. Juni 2010 an der Columbia University, New York, NY, USA.

Mischel, W. & Morf, C. C. (2003). The self as a psycho-social dynamic processing system: A meta-perspective on a century of the self in psychology (S. 15-43). In M. R. Leary & J. P. Tangney (Hrsg.), *Handbook of self and identity.* New York: Guilford Press.

Mumford, M. D., Connelly, M. S., Scott, G., Espejo, J., Sohl, L. M., Hunter, S. T. & Bedell, K. E. (2005). Career experiences and scientific performance: A study of social, physical, life, and health sciences. *Creativity Research Journal, 17*(2&3), 105-129.

Müller, W. (1999). *Journalistenausbildung in Europa. Bestandsaufnahme, neue Modelle, Entwicklungsperspektiven.* Berlin: Vistas Verlag.

Neverla, I. & Lüthje, C. (Hrsg.) (2007). Dokumentation zum DGPuK-Mentoring-Programm. Einordnung, Konzeption, Durchführung und Evaluation des ersten Jahrgangs 2005/2006. Hamburg: DGPuK.

Noam, E. M. The fundamental economics of media management 2.0. Vortrag, gehalten am 11. Juni 2010 an der Columbia University, New York, NY, USA.

Nobel, P. (1992). Rechtliche Grenzen journalistischen Handelns. Das Rechtssystem als rahmensetzende Norm in der Schweiz. In M. Haller & H. Holzhey (Hrsg.), *Medien-Ethik. Beschreibungen, Analysen, Konzepte für den deutschsprachigen Journalismus* (S. 243-255). Opladen: Westdeutscher Verlag.

Oswald, F. & Wahl, H.-W. et al. (2006). Homeward bound: Introducing a four-domain model of perceived housing in very old age. *Journal of Environmental Psychology, 26*(3), 187-201.

Peace, S., Wahl, H.-W., Mollenkopf, H. & Oswald, F. (2007). Environment and ageing. In Bond, J., Peace, S., Dittmann-Kohli, F. & Westerhof, G. J. (Hrsg.), *Ageing in society: European perspectives on gerontology* (S. 209-234). Thousand Oaks, CA: Sage.

Peterson, R. E., Centra, J. A., Hartnett, R. T. & Linn, R. L. (1983). *Institutional Functioning Inventory: Preliminary technical manual.* Princeton, NJ: Educational Testing Service.

Pohla, A. (2006). *Medienethik. Eine kritische Orientierung.* Frankfurt a. M.: Lang Verlag.

Quandt, T. & Schweiger, W. (Hrsg.) (2008). *Journalismus online - Partizipation oder Profession?* Wiesbaden: VS Verlag für Sozialwissenschaften.

Raittila, P. & Olin, N. (2005). The media and communication professions and needs of education until the year 2020. Vortrag, gehalten auf der 17th Nordic Conference on Media and Communication Research, Aalborg, Denmark, August 11-14, 2005.

Reips, U.- D. (2007). The methodology of internet-based experiments. In A. N. Joinson, K. Y. A. McKenna, T. Postmes & U.-D. Reips (Hrsg.), *The Oxford handbook of internet psychology* (S. 373-390). Oxford: Oxford University Press.

Reips, U.- D. (2008). How internet-mediated research changes science. In A. Barak (Hrsg.), *Psychological aspects of cyberspace: Theory, research, applications* (S. 268-294). Cambridge: Cambridge University Press.

Richter, P. G. (Hrsg.). *Architekturpsychologie. Eine Einführung.* Lengerich: Pabst Verlag.

Ritter, L. A. & Sue, V. M. (2007). Using online surveys in evaluation. In S. Mathison (Hrsg.), *New Directions for Evaluation, Nr. 115.* San Francisco, CA: Jossey-Bass.

Rose, G. L. (1999). What do doctoral students want in a mentor? Development of the Ideal Mentor Scale. Unveröffentlichte Doktorarbeit, The University of Iowa, Dezember 1999.

Rühl, M. & Saxer, U. (1981). 25 Jahre Deutscher Presserat. Ein Anlass für Überlegungen zu einer kommunikationswissenschaftlichen Ethik des Journalismus und der Massenkommunikation. *Publizistik, 26*(4), 451-507.

Rühl, M. (2006). Globalisierung der Kommunikationswissenschaft. Denkprämissen, Schlüsselbegriffe, Theorienarchitektur. *Publizistik, 51*(3), 349-369.

Ruß-Mohl, S. & Seewald, B. (1992). Die Diskussion über journalistische Ethik in Deutschland – eine Zwischenbilanz. In M. Haller & H. Holzhey (Hrsg.), *Medien-Ethik. Beschreibungen, Analysen, Konzepte für den deutschsprachigen Journalismus* (S. 22-36). Opladen: Westdeutscher Verlag.

Scannell, L. & Gifford, R. (2010): Defining place attachment: A tripartite organizing framework. *Journal of Environmental Psychology, 30*(1), 1-10.

Schorr, A. (2003). Communication research and media science in Europe: Research and academic training at a turning point. In A. Schorr, W. Campbell & M. Schenk (Hrsg.), *Communication research and media science in Europe* (S. 3-55). Berlin: De Gruyter.

Schönbach, K. (1992). Erträge der Medienwirkungsforschung für eine Medienethik. In M. Haller & H. Holzhey (Hrsg.), *Medien-Ethik. Beschreibungen, Analysen, Konzepte für den deutschsprachigen Journalismus* (S. 97-103). Opladen: Westdeutscher Verlag.

Schütz, M. R. (2003). *Journalistische Tugenden.* Wiesbaden: Westdeutscher Verlag.

Schweiger, W., Rademacher, P. & Grabmüller, B. (2009). Womit befassen sich kommunikationswissenschaftliche Abschlussarbeiten? Eine Inhaltsanalyse von DGPuK-TRANSFER als Beitrag zur Selbstverständnisdebatte. *Publizistik, 54*(4), 533-553.

Schweiger, W. & Beck, K. (Hrsg.) (2010). *Handbuch der Online-Kommunikation.* Wiesbaden: VS Verlag für Sozialwissenschaften.

Silverstone, R. (2004). Regulierung, Medienkompetenz und Medienbildung. In A. Zerdick, A. Picot, K. Schrape, J.-C. Bargelman, R. Silverstone, V. Feldmann, D. K. Heger & C. Wolff (Hrsg.), *E-merging media. Kommunikation und Medienwirtschaft der Zukunft* (S. 373-388). Berlin: Springer Verlag.

Simonton, D. K. (2003a). Scientific creativity as constrained stochastic behavior: The integration of product, person, and process perspectives. *Psychological Bulletin, 129*(4), 475-494.

Simonton, D. (2003b). Creativity as variation and selection: Some critical constraints. In M. A. Runco (Hrsg.), *Critical creative processes* (S. 3-18). Creskill, NJ: Hampton Press.

Simonton, D. K. (2004). Exceptional creativity and chance: Creative thought as a stochastic combinatorial process. In L. V. Shavinina & M. Ferrari (Hrsg.), *Beyond knowledge. Extracognitive aspects of developing high ability* (S. 39-72). Mahwah, NJ: Erlbaum.

Snyder, C. R. (2000). The past and possible futures of hope. *Journal of Social and Clinical Psychology, 19*(1), 11-28.

Spinner, H. F. (1988). Wissensorientierter Journalismus. Der Journalist als Agent der Gelegenheitsvernunft. In L. Erbring et al. (Hrsg.), *Medien ohne Moral. Variationen über Journalismus und Ethik* (S. 238-266). Berlin: Argon Verlag.

Stephen, T. & Geel, R. (2007). Normative publication productivity of communication scholars at selected career milestones. *Human Communication Research, 33*, 103-118.

Stern, G. G. (1970). *People in context: Measuring person-environment congruence in education and industry.* New York: Wiley.

Strassnig, B. (2009). Einblicke in Online-Research – Das Internet als Medium zur Datenerhebung. In B. U. Stetina & I. Kryspin-Exner (Hrsg.), *Gesundheit und neue Medien* (S. 277-296). Wien: Springer Verlag.

Taddicken, M. (2008). *Methodeneffekte bei Web-Befragungen: Einschränkungen der Datengüte durch ein „reduziertes Kommunikationsmedium"?* Neue Schriften zur Online-Forschung 5. Köln: Herbert von Halem Verlag.

Thomaß, B. (1998). *Journalistische Ethik. Ein Vergleich der Diskurse in Frankreich, Großbritannien und Deutschland.* Opladen: Westdeutscher Verlag.

Tuner, J. C. & Onorato, R. S. (1999). Social identity, personality, and the self-concept: A self-categorization perspective. In T. R. Tyler, R. M. Kramer & O. P. John (Eds.), *The psychology of the social self* (S. 11-46). Mahwah, NJ: Erlbaum.

Tunstall, J. (1977). *The media are American: Anglo-American media in the world.* London: Constable.

Tunstall, J. (2008). *The media were American. U.S. mass media in decline.* New York: Oxford University Press.

Viebahn, P. (2004). *Hochschullehrerpsychologie. Theorie- und Empirie-basierte Praxisanregungen für die Hochschullehre.* Bielefeld: Universitäts-Verlag Webler.

Vowe, G. (2007). Notwendig, anregend, hilfreich. *Aviso, 45*(4), 5-6.

Walkenhorst, H. (1999). *Europäischer Integrationsprozess und europäische Identität. Die politische Bedeutung eines sozialpolitischen Konzepts.* Baden-Baden: Nomos Verlag.

Wasilewski, R. (2004). *Freie Berufe. Ein empirisches Bild ihrer Lage.* Köln: Deutscher Ärzte-Verlag.

Weischenberg, S. (1992). *Journalistik. Theorie und Praxis aktueller Medien-kommunikation. Band 1: Mediensysteme, Medienethik, Medieninstitutionen.* Opladen: Westdeutscher Verlag.

Wilde, J. B. & Schau, C. G. (1991). Mentoring in graduate schools of education: Mentees' perceptions. *Journal of Experimental Education, 59,* 165-179.

Wirth, W., Stämpfli, I., Böcking, S. & Matthes, J. (2008). Führen viele Wege nach Rom? Berufssituation und Karrierestrategien des promovierten wissenschaftlichen Nachwuchses in der Kommunikations- und Medien-wissenschaft. *Publizistik, 53*(1), 85-113.

Wissenschaftsrat (2002). Empfehlungen zur Doktorandenausbildung (15.11.2002, Drs. 5459/02, Volltext als pdf-Datei)

Wissenschaftsrat (2006). Empfehlungen zu den Regionalstudien (area studies) in den Hochschulen und außeruniversitären Forschungseinrichtungen (07.07.2006, Drs. 7381-06, Volltext als pdf-Datei)

Anhang

ICA Divisions Mitglieder 2006: 4093		Fachgruppen der DGPuK Mitglieder 2006: 799		Forschungsschwer-punkte N = 230	
Mass Communication	28,5%			Mass Communication	47,0%
		Rezeptionsfor-schung	21,4%		
Communication & Technology	17,2%			Communication & Technology	24,8%
Organizational Communication	15,1%			Organizational Communication	18,3%
Public Relations	8,9%	Public Relations & Organisations-kommunika-tion	14,8%	Public Relations	14,3%
Intercultural & Development Communication	14,9%			Intercultural & Development Communication	20,0%
Political Communication	14,6%	Kommunika-tion und Politik	20,9%	Political Communication	28,3%
Journalism Studies	8,6%	Journalistik/ Journalismusfo rschung	19,5%	Journalism Studies	1,7%
		Methoden der Kommunika-tionswissen-schaft	18,2%		
Interpersonal Communication	12,8%			Interpersonal Communication	17,4%
Health Communication	12,5%			Health Communication	11,3%

Popular Communication	7,7%			Popular Communication	16,5%
		Medienökonomie	14,1%		
Information Systems	7,9%	Computervermittelte Kommunikation	16,0%	Information Systems	13,9%
		Mediensoziologie	13,6%		
		Kommunikationsgeschichte	13,5%		
Visual Studies	4,7%	Visuelle Kommunikation	10,1%	Visual Studies	9,6%
Philosophy of Communication	8,1%			Philosophy of Communication	11,7%
		Kommunikations- & Medienethik	8,1%		
Feminist Scholarship	5,3%	Medien, Öffentlichkeit und Geschlecht	5,2%	Feminist Scholarship	8,7%
Instructional & Developmental Communication	5,4%	Medienpädagogik	6,6%	Instructional & Developmental Communication	3,5%
Communication Law and Policy	5,9%			Communication Law and Policy	7,4%
Language and Social Interaction	6,2%			Language and Social Interaction	0,9%
Game Studies	2,7%			Game Studies	0,9%
Sonstige	9,1%			Sonstige	0,9%

Die N=230 Teilnehmer an der Befragung entsprechen in ihren Forschungsschwerpunkten recht gut der Fachgruppenstruktur der *International Communi-*

cation Association (ICA) bzw. der *Deutschen Gesellschaft für Publizistik und Kommunikationswissenschaft* (DGPuK), die auf der Internationalen Jahreskonferenz der ICA in Dresden beide ihre Mitgliederversammlungen abhielten. Dabei ist zu beachten, dass die Befragten bis zu drei Schwerpunkte nennen konnten. In der ICA und der DGPuK ist es möglich, in verschiedenen Fachgruppen zugleich Mitglied zu sein. Die Fachgruppenstruktur beider Verbände ist nicht ganz identisch, doch lässt sich an der Benennung recht gut erkennen, welche DGPuK-Fachgruppen Pendants zu welchen Divisions der ICA bilden. Der europäischen bzw. deutschsprachigen Tradition entspricht z.b. die vergleichsweise stärkere Schwerpunktbildung im Journalismus (und damit auch in der journalistischen Ethik). Insgesamt besteht eine sehr gute Passung zwischen den fachlichen Schwerpunkten der Befragten und den Arbeitsschwerpunkten der Mitgliedschaft beider Verbände: In der Mehrheit der Fälle sind die großen und die kleinen Fachgruppen proportional in der Befragungsstichprobe abgebildet.

MIX
Papier aus verantwortungsvollen Quellen
Paper from responsible sources
FSC® C105338

If you have any concerns about our products,
you can contact us on
ProductSafety@springernature.com

In case Publisher is established outside the EU,
the EU authorized representative is:
Springer Nature Customer Service Center GmbH
Europaplatz 3, 69115 Heidelberg, Germany

Printed by Libri Plureos GmbH
in Hamburg, Germany